教育部人文社会科学研究项目资助（13XJA880001）

宁夏大学优秀学术著作出版基金资助

宁夏大学外国语学院（所）优秀成果出版资助

农村基础教育
满意度实证研究

以西海固地区为例

藏志勇　著

中国社会科学出版社

图书在版编目（CIP）数据

农村基础教育满意度实证研究：以西海固地区为例／藏志勇著．—北京：中国社会科学出版社，2022.7

ISBN 978 - 7 - 5227 - 0408 - 1

Ⅰ.①农⋯　Ⅱ.①藏⋯　Ⅲ.①乡村教育—基础教育—研究—宁夏

Ⅳ.①G639.2

中国版本图书馆 CIP 数据核字（2022）第 107670 号

出 版 人	赵剑英	
责任编辑	孔继萍　梁剑琴	
责任校对	夏慧萍	
责任印制	郝美娜	

出　　版	中国社会科学出版社
社　　址	北京鼓楼西大街甲 158 号
邮　　编	100720
网　　址	http://www.csspw.cn
发 行 部	010 - 84083685
门 市 部	010 - 84029450
经　　销	新华书店及其他书店

印刷装订	北京市十月印刷有限公司
版　　次	2022 年 7 月第 1 版
印　　次	2022 年 7 月第 1 次印刷

开　　本	710×1000　1/16
印　　张	12.25
插　　页	2
字　　数	201 千字
定　　价	68.00 元

前　言

　　本书以党的十八大以来提出的"努力办好人民满意的教育"和党的十九大提出的以"优先发展教育事业""办好人民满意的教育"为宗旨，以国家级贫困地区——西海固地区为例，通过广泛的资料收集、专家咨询、论证和实地调研，再对资料信息进行整理和数据处理等方式，目的是对生态移民进程中西海固地区农村基础教育的内涵作深层次探讨和研究；运用教育统计学、经济学、区域发展、民族学和农村经济学等相关理论，结合西海固地区的实际情况，研究生态移民进程中农村基础教育问题，确立现阶段西海固地区农村基础教育的选择；通过探讨西海固地区农村基础教育的时空演进、总结以及现状的实证研究，查找制约该地区农村基础教育根本转变的因子；制定该地区城乡公众对基础教育满意度的评价指标，建立科学、合理的西海固地区农村基础教育的措施，并对提供农村基础教育满意度的样本地区进行定量与定性相结合的综合评价；提出适合新时期生态移民进程中西海固地区农村基础教育的路径选择、对策建议及保障措施；选取和借鉴日本农村教育政策以及地方农村的经验做法加以分析研究，提出了对我国农村基础教育领域的启示和思考。

　　本书以新时代生态移民进程中西海固地区农村基础教育为研究对象，针对调查数据，创新性地运用因子分析法和多分类有序 Logit 模型，进行了对城乡学生家长基础教育满意度及其影响因素的实证研究与分析。分项评价指标有教育公平、教育收费、教育过程、教育决策、教育质量、教育选拔制度、教育的个人效益和效能感共 7 个类别，每个类别又由相应的代表性指标组成。本书将西海固地区的学生家长评价该地区城乡基础教育满意度分五个等级，即非常满意、比较满意、一般、不太满意、不满意，属于非连续多元有序变量，故采用因子分析法评估城乡基础教育学生家长满意度，并运用多分类有序 Logit 模型进一步做回归分析，以期确认影响学生家长满意度的主要因素。

目　录

引　言 ……………………………………………………………… (1)

第一章　西海固地区农村基础教育现状实证分析 ……………… (21)

　　第一节　西海固地区农村学校和学生现状 ………………… (22)

　　第二节　西海固地区教育资源配置现状 …………………… (34)

第二章　西海固地区农村基础教育阶段教师受教育程度实证

　　　　　分析 ……………………………………………………… (52)

　　第一节　宁夏与西海固地区专兼任教师现状 ……………… (52)

　　第二节　西海固地区专任教师学历及职称现状 …………… (56)

　　第三节　宁夏专任教师的年龄结构及性别现状 …………… (74)

第三章　西海固地区农村基础教育与农村经济增长实证分析 ……… (81)

　　第一节　西海固地区经济社会发展现状 …………………… (82)

　　第二节　教育对经济增长贡献率相关模型测算方法 ……… (91)

第四章　西海固地区农村移民文化与文化认同维度的实证分析 ……… (94)

　　第一节　移民文化认同的形成 ……………………………… (95)

　　第二节　生态移民与文化适应概念 ………………………… (95)

　　第三节　西海固地区生态移民的文化适应 ………………… (97)

　　第四节　西海固地区移民文化与文化认同的维度 ………… (99)

第五章 西海固地区城乡公众基础教育满意度实证分析 ············ （101）

　　第一节 研究目的和手段 ···················· （102）

　　第二节 数据来源和研究方法及统计性描述 ·········· （103）

　　第三节 公众教育满意度比较结果分析 ············ （108）

第六章 西海固地区农村基础教育取向存在的问题及对策建议 ····· （113）

　　第一节 西海固地区农村基础教育现状研究 ·········· （113）

　　第二节 西海固地区农村基础教育与农村经济增长研究 ···· （115）

　　第三节 西海固地区农村基础教育研究 ············ （116）

　　第四节 西海固地区农村移民的文化认同维度研究 ······ （119）

　　第五节 西海固地区学生家长对城乡基础教育满意度评价

　　　　　 研究 ······················· （121）

第七章 日本农村闲置教育设施案例对西海固地区办好基础
**　　　 教育的启示** ······················· （126）

　　第一节 研究背景和研究方法及研究意义 ··········· （126）

　　第二节 日本农村人口过疏化地域特征及形成原因 ······ （128）

　　第三节 日本农村过疏地区及闲置校舍政策 ·········· （131）

　　第四节 日本学校设施改革与方针措施 ············ （134）

　　第五节 日本农村闲置教育设施案例对西海固地区的启示 ··· （137）

　　第六节 小结、对策和建议 ·················· （144）

参考文献 ···························· （147）

致 谢 ····························· （155）

附录 《宁夏西海固地区生态移民进程中农村基础教育取向研究》
**　　　 调查问卷** ························ （156）

　　附录1 《宁夏固原地区农村教育资源配置问题研究》

　　　　　 调查问卷 ······················ （156）

附录 2　宁夏西海固地区城乡公众基础教育满意度调查问卷
　　　　（学生家长用表）……………………………………（159）

附录 3　宁夏西海固地区城乡公众基础教育满意度调查问卷
　　　　（教师用表）………………………………………（172）

附录 4　宁夏西海固地区城乡公众基础教育满意度调查问卷
　　　　（学生用表）………………………………………（179）

后　记 ……………………………………………………（188）

引　言

自党的十一届三中全会颁布《中共中央关于教育体制改革的决定》以来，我国农村基础教育事业取得了巨大的成就。党的十八大以来，习近平总书记就教育事业改革和发展提出了一系列新理念、新思想、新观点，特别是在 2018 年全国教育大会上提出的要坚持党对教育事业的全面领导、坚持把立德树人作为根本任务、坚持优先发展教育事业、坚持社会主义办学方向、坚持扎根中国大地办教育、坚持以人民为中心发展教育、坚持深化教育改革创新、坚持把服务中华民族伟大复兴作为教育的重要使命、坚持把教师队伍建设作为基础工作"九个坚持"[①] 作为基础工作，深刻地阐述了我国的教育事业要"培养什么样的人、如何培养人、为谁培养人""办什么样的教育、怎样办教育、为谁办教育"[②] 等重大理论和实践问题。

坚持党的领导，确定我国教育事业改革发展的"优先发展，育人为本，改革创新，促进公平，提高质量"[③] 工作方针，把基础教育建设成为弘扬共产主义信仰和社会主义核心价值观的坚强阵地。坚持把教育摆在优先发展的战略地位，把育人为本作为教育工作的根本要求，把改革创

---

① 习近平：《坚持中国特色社会主义教育发展道路　培养德智体美劳全面发展的社会主义建设者和接班人》，新华网，http://www.xinhuanet.com/2018 - 09/10/c_1123408400.htm，2019年9月10日。

② 习近平：《把思想政治工作贯穿教育教学全过程》，新华网，http://www.xinhuanet.com//politics/2016 - 12/08/c_1120082577.htm，2016 年 12 月 8 日。

③ 《国家中长期教育改革和发展规划纲要（2010—2020 年）》，中央政府门户网站，http://www.gov.cn/jrzg/2010 - 07/29/content_1667143.htm，2010 年 7 月 29 日。

新作为教育发展的强大动力，把促进公平作为国家基本教育政策，把提高质量作为教育改革发展的核心任务。在我国进入全面建成小康社会的决胜阶段，社会主义新农村建设更加呼唤发展农村基础教育和改进农村义务教育发展模式及提升基础教育的人才培养质量。深入贯彻习近平新时代中国特色社会主义思想和习近平总书记关于教育的重要论述，求真务实，锐意进取，努力办好人民满意的教育，加快推进科教强国强区战略和教育现代化。

资料显示，党的十九大报告中，习近平总书记43次提到教育、79次提到文化，这是时代对教育和文化的呼声，更是进一步提出要优先发展教育事业，建设教育强国和文化自信对中华民族伟大复兴的呼唤。因此，以新时代中国特色社会主义核心价值观为统领，谋划农村未来的教育改革和发展，将我们这样一个农业人口大国，建设成为人力资源强国和创新型国家，必须把教育事业放在优先位置、加快教育现代化、办好人民满意的教育，必须把教育尤其是国民的基础教育放在研究课题的重中之重的战略地位。

农村教育兴，国家教育兴；农村基础教育强，国家整体的基础教育会更强。生态移民进程中的少数民族地区农村基础教育，既要满足社会发展的需要，又要适合当地经济发展的需求；加强农村义务教育和职业教育的衔接，既要给予农村儿童以同等的升入高质量学校接受教育的机会，又要让那些升学欲望不够强烈的孩子受到未来就业需要的良好的职业技术教育，为我国实现全面建设小康社会和社会主义现代化强国的目标提供优良的专业人才保障。

党的十八大提出"教育是民族振兴和社会进步的基石""办好人民满意的教育"和"大力促进教育公平，合理配置教育资源，重点向农村、边远、贫困、民族地区倾斜，支持特殊教育，提高家庭经济困难学生资助水平，积极推动农民工子女平等接受教育，让每个孩子都能成为有用之才"[1]，

---

[1] 胡锦涛：《坚定不移沿着中国特色社会主义道路前进　为全面建成小康社会而奋斗——在中国共产党第十八次全国代表大会上的报告（2012年11月8日）》，中央政府门户网站，http://www.gov.cn/ldhd/2012 – 11/17/content_2268826.htm，2012年11月17日。

"要全面贯彻党的教育方针，落实立德树人根本任务，发展素质教育，推进教育公平，培养德智体美全面发展的社会主义建设者和接班人。推动城乡义务教育一体化发展，高度重视农村义务教育，办好学前教育、特殊教育和网络教育，普及高中阶段教育，努力让每个孩子都能享有公平而有质量的教育"① 等，党的十九大以来提出的这一系列教育战略，已深入民心，对宁夏及全国农村基础教育取向问题的探讨和研究，已成为国家解决农村基础教育问题长期的战略性课题。

一　研究背景和意义

本书立足于西海固地区②农村基础教育的实际，针对研究对象地区的农村基础教育阶段，面向如何找准生态移民地区农村基础教育取向、减轻地方经济负担和农民的经济负担，如何提高乡镇学生素质教育，如何让农村孩子也能像城镇里孩子一样享有较优质的教育资源，将来实现更高质量的就业，成为建设美好家乡的有用人才等问题进行实证分析和探讨，结合生态移民进程中的特定农村地区和农村基础教育专题，分章节进行了与农村基础教育取向相关的学校、师生、经济、文化、社会、群众满意度等专题方面的分析和研究。

西海固地区生态环境脆弱，"苦瘠甲于天下"已被众所周知，农村经济社会的现状严重影响着当地基础教育的发展。宁夏正处于党的十八大以来制定的全面建设小康社会战略目标和国家推进西部大开发、建设宁夏内陆开放型经济试验区和"建设美丽新宁夏　共圆伟大中国梦"③ 的历史机遇期，我们认为在协调生产、生活与生态文明建设关系的基础上，转变农村基础教育的方式和提升贫困地区农村群众接受基础教育的水平，

---

① 习近平：《决胜全面建成小康社会　夺取新时代中国特色社会主义伟大胜利——在中国共产党第十九次全国代表大会上的报告》，人民网－人民日报，http://cpc.people.com.cn/n1/2017/1028/c64094－29613660－10.html，2017 年 10 月 28 日。

② 本研究课题的西海固地区，是指固原市（包括原州区、西吉县、隆德县、泾源县、彭阳县）、海原县、同心县，其统计数据详见制表的具体栏目及数值。

③ 《中共中央全国人大常委会国务院全国政协中央军委致电祝贺　宁夏各族各界隆重庆祝自治区成立 60 周年》，《宁夏日报》，宁夏回族自治区人民政府网，http://www.nx.gov.cn/zwxx_11337/wztt/201809/t20180921_1070784.html，2018 年 9 月 21 日。

是促进经济发展、保持生态环境优化、实现该地区经济社会和谐发展的重要途径。

从提高人口文化综合素质角度看，树立科学发展理念与构建和谐社会，需要转变农村的基础教育形式，更需要形成和建立可持续发展的农村教育体制，对农村基础教育方式内涵的深层次理解，以及建立健全良好运行机制，是实现这一转变并解决农村教育难题的重要前提。

从分析西海固地区农村基础教育取向的时空角度看，需要摸清研究对象地区教育差异和转变的限制因子。建立农村基础教育取向转变的评价指标体系，是科学评价这一转变的重要手段；符合实际的对策建议，是实现基础教育取向根本转变的有效方法。当前在我国农村特别是在具有一些资源优势而生态环境又相对脆弱的宁夏西海固地区，深入研究农村基础教育取向，为农村学生提供适合的教育，实现素质教育，对于办好生态移民地区农村移民社区或安置点的基础教育，具有显著的理论意义和社会现实意义。

从研究西海固地区农村基础教育取向的目的看，西海固地区是我国少数民族地区和国家命名的 14 个连片贫困人口聚集区之一。以该区域为例研究少数民族地区农村基础教育取向问题具有鲜明的代表性，对于进一步深入探讨我国少数民族地区农村基础教育及其规律性问题，具有重要的借鉴意义以及理论和实际应用价值。

二 国内外有关农村基础教育研究综述

旨在综述国内外学者对农村基础教育的研究，将农村基础教育取向作深层次的分析，了解农村教育存在的职能困境和生存困境，找出中国社会长期存在的"二元"经济结构和社会体制下影响少数民族地区农村基础教育发展的原因。

农村基础教育作为教育事业的基础，既关系着全民素质的提高和社会整体的发展，也直接影响着城镇化新农村与和谐社会的建设。作为农村学生人生发展的奠基性工程，农村基础教育由于种种原因在教育发展中一直处于弱势，迫使研究人员努力去发现其存在的问题，进而探讨解决问题的途径。

通过整理相关文献和数据发现，在这方面研究的投入虽然不少，但能被农村基层学校应用进而改善其办学水平、提高其教育教学质量的研究成果却似乎不多，这使得我们必须紧紧围绕当前的国家和地方经济社会发展的实际需要出发，重新审视农村基础教育特别是有关少数民族地区农村的基础教育研究。

（一）教育与教育政策方面

美国的教育政策目标：一是确保教育机会均等，促进全国教育水平不断提高；二是在教育过程中以学生的潜力发展为依归，向学生提供良好的教育机会。具体而言，其教育政策集中体现在一系列有关基础教育发展的法案和政府报告中，如《国家在危机中》和《国家教育目标报告》。1994 年在教育目标的法定化和教师素质提升方面提出了《目标2000：美国教育法案》，开始对相关改革措施的进一步研究和发展，并取得了一系列成果，特别是基础教育目标的法定化和对教师素质的关注成了这一时期基础教育改革的焦点。实施的《没有孩子落后法案》，强化了学生基本技能和照顾了个体教育需求；颁布的《国家教育目标报告》，强调了教师素质的持续提高，要求美国教师通过进修等方式不断提高其专业技能；《什么最重要：为美国未来而教》则强调了教师素质的提高应当通过强化聘任标准、建立对教师专业水平的奖惩机制以及改良学校组织结构等方式来达成。[1]美国基础教育扶贫政策从 20 世纪前期保证教育起点平等权利扶贫的"形式性公平"转向 20 世纪中期强调教育机会均等物质扶贫的"补偿性公平"阶段，由 20 世纪后期注重教育过程平等资源扶贫的"实质性公平"过渡到 21 世纪开始追求教育成就公平能力扶贫的"差异性公平"阶段。[2]

欧盟基础教育政策由宏观条约宪章、周期战略、教育与培训的战略框架（十年规划），以及学校教育质量、幼儿教育与护理、学生关键能力、辍学和移民儿童教育等非常丰富的政策体系组成，这些政策主要依

---

[1] 《美国基础教育政策的发展及启示》，维普网，http://c.360webcache.com，2019 年 7 月25 日。

[2] 王瑜、叶雨欣：《20 世纪以来美国基础教育扶贫政策公平价值观述评》，《广西师范大学学报》（哲学社会科学版）2019 年第 3 期。

托夸美纽斯计划而得以实施。它的实施增强了教育的欧洲维度，促进了教育公平，提高了教育质量。它分为宏观、中观、微观三类：宏观基础教育政策是最上位政策，主要包括两个欧盟基础条约——《欧洲联盟条约》《欧洲联盟运行条约》，以及《欧盟基本权利宪章》；中观政策包括周期性战略和工作计划，主要包括《欧洲 2020 战略》《教育与培训 2020》具有明确周期性；微观政策是针对教育或社会的具体问题或者在实施宏观和中观教育政策过程中，根据需要制定和颁布相关的政策，如《关于减少辍学的综合政策的框架》等。它的实施路径：一个是欧盟基础教育行动计划。由教育与文化总司主导，通过确定基础教育行动计划，并由欧盟教育文化总司、信息社会与媒体总司、欧洲援助合作办公室予以资助，推动欧盟成员国及其所属教育机构落实基础教育政策；另一个是欧盟成员国主动转化和实施。欧盟成员国在认同欧盟基础教育政策的基础上，制定其国内的相关基础教育政策，推动欧盟基础教育政策的实施。但是，由于欧盟基础教育政策的实施受欧盟权能的授权原则制约，导致欧盟基础教育政策无法强制实施。[1]

英国针对当代基础教育产生了包括学制政策、课程政策、师资政策、管理政策、经费政策等基础教育政策。正是这些基础教育政策的制定和实施，使得英国基础教育在不断改革的基础上得到了迅速发展。比如：1918 年由《费舍法案》实行了免费初等教育，颁布《1944 年教育法》后实行了免费中等教育；此后，1981 年的《学校课程》，1982 年的《教育（教师）规程》，1987 年的《国家统一课程（5—16 岁）》，《1988 年教育改革法》，《1992 年教育法》等实行了从五岁开始接受义务教育，享受免除学费的国家福利。英国基础教育政策对其基础教育事业、中央政府对基础教育的影响、基础教育多样化、家长的选择权和学校的自主权、基础教育师资水平和质量等基础教育方面的改革和发展产生了十分重要的影响。[2]

---

① 林海亮：《欧盟基础教育政策的主要内容、实施路径及影响基础教育》，《基础教育》2013 年第 6 期。

② 单中惠：《当代英国基础教育政策及其影响浅析》，《外国教育研究》2007 年第 2 期。

日本以"教育立国"闻名。从日本近代教育发展的历程中，我们发现每当国家发展和变革的关键时期，日本都会采取一定的改革措施促进教育的发展，建立了统一、完善、相互配套的教育法律法规体系，为教育事业的发展保驾护航。从横向来看，日本教育法制体系囊括了不同领域、不同专业、不同人群；从纵向来看，法律之间完备性较强，相互配套实施。比如，1987年，为落实日本"教育立国"战略决策，临时教育审议会在《第四次教育改革咨询报告》中提出将"向终身学习体系过渡""适应变化"（国际化、信息化）作为教育改革的基本原则；2006年，日本政府开始实施新的《教育基本法》；2008年制定了第一期《教育振兴基本计划》；2018年日本文部科学省发布《面向超级智能社会的人才培养》。日本政府还提出了《科学技术基本计划》《日本教育交流计划》《社会教育法》等全面促进教育的相关法律。[1]

韩国政府十分重视发展农村教育，认为加强农村教育是提高农民素质、有效实现农村劳动力转移和加快农村城市化建设的奠基工程，采取了一系列措施优先发展农村教育，如"初等义务教育六年计划""义务教育五年计划""初中就近入学制度""高中平准化政策"《岛屿、偏僻地区教育振兴法》"关于初中实施义务教育的规定""小规模学校合并政策"《改善农渔民生活质量和推进农渔村发展特别法》"改善农渔民生活质量和推进农渔村发展的第一个五年基本计划""教育扶持政策""地方教育活性化对策""改善农渔民生活质量和推进农渔村发展的第二个五年基本计划"等，保证和满足了韩国农村教育发展的新需求，推进了农村基础教育的普及和优质均衡发展。[2]

教育是民族振兴、社会进步的基石，是提高国民素质、促进人的全面发展的根本途径。我国政府自中华人民共和国成立以来，特别是党的十八大以来，通过制定和颁布一系列的发展教育尤其是农村教育的政策措施，相关教育的政策体系日臻完善，极大地推进了基础教育特别是农

---

[1] 邓霜娇：《第三期〈教育振兴基本计划〉政策内容分析及对我国的启示》，《现代中小学教育》2019年第11期。

[2] 黄育林：《韩国发展农村基础教育政策研究》，硕士学位论文，延边大学，2013年，第1页。

村基础教育的发展，取得了辉煌成就。如：改革开放以来，颁布了《关于基础教育改革与发展的决定》《中华人民共和国义务教育法》《国家西部地区农村寄宿制学校建设工程项目学校管理暂行办法》《关于进一步做好中小学教师补充工作的通知》《国家中长期教育改革和发展规划纲要（2010—2020年）》《国务院关于进一步加大财政教育投入的意见》《关于实施农村义务教育学生营养改善计划的意见》《治理义务教育阶段择校乱收费八条措施》《关于规范农村义务教育学校布局调整的意见》《关于加强义务教育阶段农村留守儿童关爱和教育工作的意见》《关于实施教育扶贫工程的意见》《关于落实2013年中央1号文件要求对在连片特困地区工作的乡村教师给予生活补助的通知》《关于全面改善贫困地区薄弱学校基本办学条件的意见》《义务教育学校管理标准（试行）》《国家义务教育质量监测方案》《乡村教师支持计划（2015—2020年）》《教师教育振兴行动计划（2018—2022年）》《关于全面加强乡村小规模学校和乡镇寄宿制学校建设的指导意见》《中国教育现代化2035》《加快推进教育现代化实施方案（2018—2022年）》《关于深化教育教学改革全面提高义务教育质量的意见》《关于进一步加强农村教育工作的决定》《国务院关于深化农村义务教育经费保障机制改革的通知》《中共中央关于推进农村改革发展若干重大问题的决定》 《国家中长期教育改革和发展规划纲要（2010—2020）》等政策措施，使得农村教育改革和发展取得了很大成绩。①

党的领导是办好中国教育的最根本保证。我国进入中国特色社会主义新时代以来，习近平总书记为教育定位的关键词：一是途径，传承文明和知识、促进人类进步、创造美好生活，教育是根本途径、重要途径；二是基石，提高人民素质、促进人的全面发展、推动民族振兴和社会进步，教育是基石；三是决定，从人类社会发展的角度讲，教育决定着人类的今天和未来，从国家发展的角度讲，教育是对中华民族伟大复兴具有决定性意义的事业；四是依靠，"两个一百年"目标的实现、中华民族

---

① 中华人民共和国教育部：《政策解读》，教育部网，https：//hudong. moe. gov. cn/sousuo/web/search？Searchword，2019 年 12 月 10 日。

伟大复兴中国梦的实现，从根本上讲靠人才、靠教育。中国发展教育一定要树立和落实以人民为中心的发展思想，发展教育就是要为人民服务，要扎根中国、融通中外、立足时代、面向未来，办中国特色的社会主义教育。习近平总书记特别关注贫困地区的教育发展，关注教育公平。他强调，我们再穷也不能穷孩子，再穷也不能穷教育。扶贫先扶智，在脱贫攻坚战中，在决战全面建成小康社会中，教育是阻断贫困代际传递的根本途径。这些论述，深刻揭示了教育的本质功能，丰富和发展了我们党关于教育优先发展的论述，为新时期教育改革发展提供了理论指导。①

（二）基础教育研究方面

20 世纪 20 年代初，美国学者对农村基础教育的中小学教育进行过大量的研究，主要从三个方面进行了论证：一是规模经济提高学区效率，如在管理、基建和运行成本以及教育改革降低成本；二是提高学生学业成绩，促进学生社会化发展，如课程多样化、藏书丰富、教学设备先进以及实现教育均等；三是克服小型学区存在的问题，如教师短缺、财政紧缩以及赋税沉重等问题。邦逊尼撰写了《美国农村社区中的学校教育》一书，"从此揭开了由高级研究人员从理论上探讨农村教育问题的序幕"。主要集中在农村中小学合并的原因、政策、实施策略与效果以及合并的争论等方面。林可认为，美国学校合并的原因是社会的变迁、科技的发展以及学生日益增长的需要。米格雅克提出，学校合并有两个重要原因，一是"大就是好"的哲学观，二是经济效率。伊丽莎白则指出，农村学校的合并原因是农村经济持续低迷，农村学校不得不面对学生入学率大幅下降的事实。在 1994—1997 年，美国 22 个州的大部分农村学校学生人数大量减少，为了维持运营、节省开支，农村学校只有裁减教员、关闭学校，合并或重组学区。以上这些研究，为现阶段我国农村基础教育研究，提供了理论价值极高的参考与借鉴。

目前，我国从事农村基础教育的研究者，从农村学校的师资、设施、

---

① 陈宝生：《学习习近平教育思想体会》，中华人民共和国教育部，教育部网，https：// hudong. moe. gov. cn/sousuo/web/search？channelid＝244081，2017 年 9 月 29 日。本书编写组：《党的十九大报告学习辅导百问》，党建读物出版社、学习出版社 2017 年版。

经费、管理及课程设置等方面做了大量的研究。主要研究方向有：第一，研究者从宏观上指出了农村基础教育存在的问题，并提出了具有纲领性的应用价值的解决措施。比如为了应对经费不足和设施陈旧的问题，提出加大教育投资，保证经费支持的策略。第二，研究者大多站在局外人的立场上探讨农村基础教育的问题。这虽然可以指出农村教育工作中忽略的种种问题，但是由于缺乏对农村教育本质的深刻理解，所提出的策略往往难以真正被有效地执行。第三，研究者大多以城市学校为参照找出农村基础教育的不足，继而根据城市学校的优势提出农村学校应该努力的方向。这种方法虽然可以发现农村教育存在的问题，但是，由于农村与城市的环境差别，很难判定这些问题是不是农村教育存在的根本问题。具有代表性的研究者主要有袁桂林、杨东平、王嘉毅、金莲、陈向明、杨军等。

（三）教育与经济增长方面

随着教育在经济增长中所起的作用越来越受到人们的重视，教育与经济增长之间的关系也随之成为研究热点，掀起了研究教育与经济增长关系的热潮，涌现出大量的关联理论。

在 20 世纪 50 年代下半期 60 年代上半期，哈罗德—多马经济模型（Harrod – Domar model）将物质资本积累视为经济增长的唯一动力；索洛等人提出新古典经济增长模型（Solow Growth Model），将劳动作为生产要素引入生产函数。20 世纪 60 年代开始，罗默（Romer. P）、卢卡斯（Robert E. Lucas Jr. ）等人在舒尔茨（Thodore . W. Schults）人力资本理论基础上，进一步分析了提高劳动力质量对经济增长具有的极大推动作用，学术界称其为"新增长理论"（New Growth Theory）；巴罗提出的"扩展新古典模型"将人力资本作为独立的投入要素引入总量生产函数，清楚地表明了通过教育形成的人力资本，可促进产出提高，从而实现经济增长（温涛等，2009）。20 世纪 80 年代中后期出现的新经济增长理论，以规模收益递增和内生技术研究一国长期经济增长和各国增长率差异化问题（纳尔森，2001）；舒尔茨则强调在经济增长中不可忽视人的因素，提出了人力资本理论，解释了人的素质的经济价值以及其在经济增长中的作用，阐明了人的素质、教育与经济增长之间的关系，认为教育投资始终是经济增长的源泉（舒尔茨，1990）。

　　除了理论研究，许多经济学家也对教育与经济增长的关系进行了大量的实证研究。舒尔茨（1961）对美国 1929—1957 年教育投资增量的收益率作了测算，结果发现美国教育对国民经济增长的贡献率为 33%；丹尼森（Dennison，1962）采用因素分解法，计算出美国 1922—1957 年的经济增长大约有 1/5 应归功于教育；乔根森和弗朗梅尼（Jorgenson and Fraumeni，1992）对美国 1948—1986 年的增长进行核算表明，人力资本质量的提高对经济增长的贡献占经济增长的 26%；曼金、罗默和韦尔（Mankiw、Romer and Weil，1992）对 98 个国家 1985 年每个工人产出的跨国差异进行了核算，结果表明人力资本水平对跨国差异的贡献为 49%，每个工人人力资本提高 1% 将扩大产出增长 0.28%。

　　国内学者就教育与经济增长问题进行了广泛和深入的研究，如对经济增长源泉的理论分析（龚六堂，2000）、人力资本与技术进步及经济增长的关系（孙超、谭伟，2004），以及人力资本与技术进步内生化的内生经济增长模型的研究（蒲勇健、杨秀苔，2001）等。在实证研究方面，很多学者也进行了有益的探讨，并将研究领域延伸到高等教育。如崔玉平（2001）采用 E. F. Denison 和 A. Maddison 的算法，计量出 1982—1990年我国高等教育对经济增长的贡献率为 0.1489%；宋华明、王荣（2005）采用类似的方法测算出 1990—2000 年我国高等教育对经济增长的贡献为0.183%；叶茂林、郑晓齐等（2003）通过构建教育生产函数模型，测算出 1981—2000 年高等教育劳动力对经济增长的平均贡献率为 2.2188%；解垩（2005）借鉴两部门内生增长模型和教育类似于出口的思想，测算出我国高等教育对经济增长的贡献率为 0.113%；程旭东（2006）根据普适函数建立模型得出高等教育对经济增长的贡献要大于中等教育；安康（2007）运用教育生产函数模型以及协整理论，估算河北省高等教育对经济增长的贡献，得出河北省大学生规模对 GDP 的实际贡献为 1.412%；王冲（2012）认为教育和文化事业反映着地区发展的内在潜质和文明水平，同时也反映着地区的综合水平，直接影响着地区经济增长的发展水平，是地区经济和社会发达程度的主要标志。

　　此外，还有专家学者开展了对西部地区经济增长与人力资本的研究。

如人力资本理论与经济增长理论在西部经济增长中的借鉴研究（敬蒿，2003），西部地区人力资本在经济增长中的贡献的理论与实证研究（闫淑敏、秦江萍，2002），制约西部经济增长的人力资本"瓶颈"及对策与发展西部教育的研究（景跃军、吴云龙，2003）等，他们的研究结论认为，西部地区的经济增长的首要任务是开发人力资本，提升人力资本的质量和改善人力资源结构。

由此可见，国内外学者的着眼点，主要是从理论上或方法上对教育在整个经济发展过程总体层面的作用进行了测算与分析，而对经济落后、自然环境恶劣的区域则研究不足。随着经济体制改革和对外开放的不断深入，区域经济发展不均衡问题日益凸显。因此，本书的研究具有重大的现实意义和长远的战略意义。

（四）移民文化与文化认同方面

埃里克松于 20 世纪提出了文化认同这一重要文化理论。他认为，一个群体中的成员，在民族共同体中长期共同生活所形成的对本民族最有意义的事物的肯定和认同，是对人的精神存在作出的价值肯定，它主要通过民族本身的特性、习俗以及生活方式，以"集体无意识"的方式流传，融合了人们的各种认同，从而阻止了不同的认同之间因部分认同的背离或异特性而可能发生的文化冲突。[①]

黑格尔在《法哲学原理》中为我们提供了一种文化认同模式：个人以特殊的文化共同体（等级或社群）的具体伦理情境为中介，而认同于一个更普遍的文化共同体（民族国家）。因此，要建构一个从基层社区到整个国家的各个层次的文化伦理共同体，形成文化共同体与个人生活之间的有机互动与良性循环的文化认同。[②]

美国文化人类学家露丝·本尼迪克特在《文化模式》中论述：社群的习俗会塑造人的经验与行为，人们会将社群的习惯变成自己的习惯、

[①] Erikson, E. H. Building testing theories: Experiences from conducting social identity research, Acta Psychologica Sinica, 1968.

[②] 郗戈:《文化认同建构：理论透视与现实推进》，中国社会科学网，http://www.cssn. cn/zx/bwyc，2014 年 8 月 28 日。

社群的信仰变成自己的信仰、社群的戒律变成自己的戒律。①

美国政治学家塞缪尔·亨廷顿在论述多元文明与文明冲突时，曾表示文明与文化都涉及一个民族全面的生活方式，文明是放大了的文化。他认为文明虽然持久，但它们也在演变；文明是动态的，它们兴起又衰落、合并又分裂；而且正如所有历史研究者所了解的，它们也会消失。移民文化的形态演变过程正是亨廷顿所描述的文化动态性的重要表现。在文化的动态发展与演变的过程中，移民文化也在彰显着自身的活力与特色。②

冯天瑜把文化认同解释为一种肯定的文化价值判断，即文化群体或文化成员承认群内新文化或群外异文化因素的价值效用，符合传统文化价值标准的认可态度与方式，经认同后的新文化或异文化因素将被接受、传播。③

李建盛认为，移民通过在新的迁入地的共同努力，在文化身份方面塑造共同体，达到改善迁入地群众的文化心理调适的目的。张曙光认为，文化多样性有助于人类的繁荣与发展；一种新文化的发展需要应对"内""外"（或：旧、新）两个方面的挑战，且使两个方面都能得到推进和发展，促进新文化具有更旺盛的生命力。④傅才武认为，从村庄文化共同体建设入手，经济共同体与文化共同体共生互济，是当前农村建设的有效模式。⑤

郝戈认为，文化认同是人们在一个民族国家共同体中长期生活所形成的，是对该民族国家文化精神的肯定和认同，最关键的是对该民族国家核心价值的认同。要立足于中国本土，以中国化的马克思主义为指导，高度融合古今和中西文明精髓，发展社会主义核心价值体系下的现代中

---

① 李乃涛：《移民文化的形态演变》，《人文岭南》2017 年第 74 期。

② 林海亮：《欧盟基础教育政策的主要内容、实施路径及影响基础教育》2013 年第 6 期。

③ 冯天瑜：《中华文化辞典》，武汉大学出版社 2001 年版。

④ 张春梅：《努力塑造文化共同体》，中国社会科学网，http：//www.cssn.cn/sf/bwsf_lll-wz，2017 年 3 月 29 日。

⑤ 傅才武：《推动乡村文化共同体与经济共同体协同共建》，中国社会科学网，http：//www.cssn.cn/zx，2017 年 11 月 29 日。

国文化,形成中国特色社会主义文化认同;整合中国特色社会主义经济建设、社会建设与文化建设,协调好文化事业与文化产业、文化的社会效益与经济效益的关系;建构网络化文化共同体,不断完善市场经济的文化机制与伦理规范,持续提升人民群众的道德素养与文化品位,使个人融入国家的文化生活与伦理实践之中,形成社会主义文化认同整体。①

李艳艳认为,移民文化自身或与其他文化之间充斥着诸多矛盾与冲突,但基于移民群体生存与发展诉求的需要,适应并融入迁入地的原生文化成为移民文化的必经之路。作为移民群体文化的载体,他们秉承、适应并接受迁入地的原生文化影响,包含着"一对多"和"多对一"双向融合,所以,移民迁入地文化与迁出地的原生文化之间不只是单向接受,而是保留并传播其本身固有的文化记忆和惯性思维,浸染着迁出地的原生文化,从而促使两种文化在迁入地的生活环境中相互融合,在融合中逐步产生新的共同的文化,形成凝聚迁入地移民和原生群体的文化共同体。伴随着移民群体的多向度交叉迁移的复杂态势,同一迁出地的移民群体向多个不同迁入地迁移,不同迁出地的移民群体涌入同一迁入地。在这一过程中,同一移民文化将不同的原生文化串联起来,而不同的移民文化又在与同一原生文化的融合中发生交叉,使它在经历"创造性转化"和"创新性发展"的过程中成为文化共同体。②

李乃涛认为,移民文化的独特之处在于开放与兼容,它既能接纳和融合外来文化、构成移民文化的开放性,又能改造和再塑本土文化,构成移民文化的兼容性。在关注移民文化的文化特征的同时,也要关注移民文化的形成过程。如果考察移民文化的形成过程,就要关注移民文化的形态演变,特别是在其形态演变过程中所面临的外在环境与内在机制。移民文化的形成和发展就是外来文化与本土文化的碰撞、交融和再生。在这一过程中,文化记忆是移民文化生生不息的源头,而文化再生则是

---

① 郗戈:《文化认同建构:理论透视与现实推进》,中国社会科学网,http://www.cssn.cn/zx/bwyc,2014年8月28日。

② 李燕燕:《凝聚移民群体的文化向心力》,中国社会科学网,http://www.cssn.cn/zt/rwln,2017年11月29日。

移民文化不断发展的动力。①

　　刘志山认为，移民文化是移民在迁移过程中所创造的物质文化和精神文化的总和。②移民和移民文化与城市竞争力之间存在某种内在的联系，即移民文化以其流动、开拓、创新、开放、包容的特质，有助于提升城市竞争力。他还认为，移民文化的开放性和包容性蕴含着丰富的人文气息，为营造宜居、宜业的优美人文环境奠定了良好的基础氛围，同时，开放性的移民文化，将不断丰富和完善自己的移民的放眼全球、展望世界的心态，以及汲取最新信息、高端技术和先进文化的能力，内化为自身的本质力量，从而实现人与社会的和谐发展，达到人与自然的生态平衡。③

　　综上所述，移民、移民文化和文化认同之间有着因果联系，移民是造成移民文化、文化流动、文化认同发生的主要原因之一，文化流动、文化认同是移民所带来的结果之一。移民文化造就了文化之间的传承与传播，促进了文化的交流与繁衍。动态的移民文化处于移民的动态发展过程中，随着移民搬迁至迁入地所带来的文化流动与移民文化本身的不断融合发展，在形态演变形式上，基本遵循着"原有文化—文化记忆—文化流动—文化融合—文化再生"这一文化发展的路径，移民文化认同的形态演变，也在不断展现移民文化所独有的开放性与兼容性、动态性与生成性等特点。

　　（五）教育与农村地区人口过疏化方面

　　很多学者对"过疏"做出了自己的界定。东京女子大学的伊藤善市（1967）认为，"一般而言，所谓过疏地域，是指由于人口大幅度减少，导致社会生活发生障碍和困难，难以维持一定生活水准的地域"。岛根大学的安达生恒（1967）根据对岛根县的村庄调查，撰写了《过疏地带的农业经营和生活》一文。他把生产和生活机构——村级机构的崩坏称为"过疏状况"，即"随着举家离农现象的大量出现，给予农户生产、村落

---

① 李乃涛：《移民文化的形态演变》，《人文岭南》2017 年第 74 期。
② 刘志山：《文化研究与建设的三个维度》，《人文岭南》2013 年第 33 期 。
③ 刘志山：《2015 年移民文化研究新生长点》，《人文岭南》2015 年第 57 期。

生活、町村行政财政、教育、医疗、防灾、商业、交通等设施、机构以广泛影响。其连锁反应的结果便是迄今的生产和生活机构功能崩解"。

内藤正中（1968）在《过疏和新产都》一书中将"过疏"定义为："以人口急剧减少这一环境条件为前提，在农村山村地带生活的居民意识消沉、衰退，以地域的基础单位——部落（村落）为中轴的地域社会，在生产生活的基础条件崩坏的背景下，地域居民的生产生活难以为继"。同年，今井幸彦（1968）在《日本的过疏地带》一书中，认为过疏是"因向城市激烈的人口移动，导致人口减少而引发的种种问题。我们把人口减少地域的问题在相对于过密问题的意义上称之为过疏问题。将过疏视为是因人口减少而导致维持一定生活水平所面对的困难状态，如防灾、教育、保健等地域社会的基础条件维持之困难"。

另外，日本在过疏问题研究领域，形成了"现状维持论""积极开发论""据点形成论""集团移动论""自由放任论"五大流派。所谓"现状维持论"，就是主张不直接触及过疏地域的经济构造和生活基础，而是通过生活保护及其他社会保障制度，为地域居民提供最低限度的生活保障措施。这虽然比较符合居民的保守心理，但不属于解决问题的积极对策。所谓"积极开发论"，主要包括离岛振兴法和山村振兴法等。但这种积极开发论要想变为现实，必须具备经济上的可行性和居民定居这两个条件。所谓"据点形成论"，就是主张在过疏地域或其附近形成据点，在那里建立完善的教育、医疗、行政、福利设施等城市功能的同时，整顿过疏地区与该据点之间的交通、通信体系。所谓"集团转移论"，是指将过疏地域的居民作为一个自然村的整体，直接转移到据点地区。所谓"自由放任论"，则主张不采取以上诸项措施，而任其自然发展，政府只提供信息情报供地区居民自由选择。

近年来，我国学界的一些学者也非常关注农村"过疏化"问题的研究。程连生、冯文勇（2001）把农村"过疏化"定义为：居住在农村的住户，在空间欲望驱使下逐渐向周边新扩带迁，导致原聚落成新度下降、非居住房屋增加、废墟面积扩大、人口密度锐减，并与新扩带形成强烈反差的一种聚落形态。由原来成新度相对均质的聚落，发展为新旧二元结构的空心化聚落的过程。何芳、周璐（2010）认为：所谓村庄空心化，就是农村人口、资源从农村内部区位资源禀赋不足地区向外围条件优越地区和城镇转移，造成村庄聚落人口流失、房屋闲置的结果。

从以上研究成果可以看出，对农村基础教育的研究范围与内容日趋拓宽。但大部分学者还是站在"价值""资金""教育均衡化""撤村并校"和"提高教师素质"的角度进行研究，以宁夏西海固地区农村基础教育取向为视角的研究成果甚少。因此，本书以民族地区和生态移民地区为切入点，从生态移民进程中农村基础教育取向问题入手，就如何提高宁夏西海固地区农村基础教育取向予以深层次的研究。这样不仅对宁夏西海固地区农村基础教育状况进行分析，还深层次地就他们的经济发展状况、基础教育取向、文化认同和对当地城乡公众教育满意度等领域展开进行了深入研究。

三　研究思路

教育方针是一个国家在一定历史阶段提出的如何搞好教育工作的总的方向和总指针，是教育基本国策的总概括，是确定国家教育事业发展方向，以及指导整个教育事业发展的战略原则和行动纲领。我国在2015年12月全国人大常委会审议通过修改的教育法中把教育方针规定为："教育必须为社会主义现代化建设服务、为人民服务，必须与生产劳动和社会实践相结合，培养德、智、体、美等方面全面发展的社会主义建设者和接班人。"把党提出的"以人民为中心""为人民服务"与"培养德、智、体、美等方面全面发展的社会主义建设者和接班人"这一教育方针相结合，我们可以清醒地意识到通过什么样的性质、目标、任务和实现路径来实现人民满意的教育，其核心就是"为谁培养人、培养什么样的人、如何培养人"和"办什么样的教育、怎样办教育、为谁办教育"等最具有战略决定性意义的根本问题。

本书以党的十八大以来提出的努力办好人民满意的教育和党的十九大提出的"优先发展教育事业""办好人民满意的教育"为宗旨，立足于少数民族地区，以国家级贫困地区——宁夏西海固地区为例，通过广泛的资料收集、专家咨询、论证和实地调研，再对资料信息进行整理和数据处理，对生态移民进程中宁夏西海固地区农村基础教育取向的内涵作深层次探讨；运用教育统计学、经济学、区域发展、民族学和农村经济学等相关理论，结合宁夏西海固地区的实际情况，研究生态移民进程中农村基础教育问题，确立现阶段宁夏西海固地区农村基础教育取向的选择；通过探讨宁夏西海固地区农村基础教育的时空演进、总结以及现状的实证研究，查找制约该地区农村基础教育根本转变的因子；制定该地区城乡公众对基础教育满意度的评价指标，建立科学、合理的宁夏西海固地区农村基础教育的取向，并对提供农村基础教育满意度的样本地区进行定量与定性相结合的综合评价；提出实现新时期生态移民进程中宁夏西海固地区农村基础教育取向的路径选择、对策建议及保障措施；最后，选取了日本的农村教育政策以及地方农村的经验做法进行了研究和分析。

四 研究的重点和难点

（一）对农村基础教育取向和特点的内涵进行深层次探讨

针对什么是农村基础教育取向这一问题，本书认为：

第一，基础教育是人们在成长中为了获取更多学问而在先期要掌握的基本知识，是作为造就人才和提高国民素质的奠基工程，更是我国教育事业发展和建设中国特色社会主义教育强国的重要基石，对提高全体国民素质和培养各级各类人才具有极其重要的基础地位和作用。我国的基础教育是指包括幼儿、小学和普通中学三个教育阶段。

本书选取农村小学六年到初中三年的基础教育阶段为研究对象，并定性为农村的基础教育阶段，没有把西海固地区的普通中学和一贯制中学的高中阶段包含在本书基础教育阶段之内。

第二，本书针对农村基础教育取向这一内涵或概念，参照了前期研究成果，做出了自己的定义：农村基础教育取向是指对农村基础教育的质量、享有教育资源的公平性和农村群众对基础教育的满意程度等方面的选择。因为，本书认为，农村基础教育应面向农村的农民群众，应为土生土长在农村的孩子们提供高质量的软硬件设备和高素质的师资力量，对待农村基础教育的投入要像城市教育一样，人人应公平地享受良好的教育资源，核心应是体现在农村群众对接受到高质量的基础教育后收获到的幸福感和满意度。所以，本书以宁夏西海固地区生态移民进程中农村基础教育取向为中心，以不同的发展阶段、不同指标的统计方式、不同区域的要素组合，从动态和静态以及数据比较的方式，对宁夏西海固地区农村基础教育的质量和享受教育资源的公平性进行了分析，以随机式问卷调查、模型分析和信息筛选结果方式，客观找出各分析因子内在关联因素和农村群众对本地基础教育满意度的选项。所以，形成深层次科学研究本书的农村基础教育取向和内涵特点的过程较难。

（二）共性分析与特性分析相结合

以民族学、教育学、经济学、社会学和人文地理学等多学科、多领域的基础理论原理为共性，以宁夏西海固地区农村基础教育取向为特性视角，采取实证分析生态移民进程中的农村基础教育与该地区的农村教育现状、农村经济增长、农村移民的文化适应和文化认同以及农村群众对基础教育的满意度之间的联系，明确其相辅相成的关系，建立庞大的农村基础教育统计数据的动态值和静态值，为宁夏西海固地区农村基础教育取向的量化分析和对策研究奠定理论和实践依据较难。

（三）宁夏西海固地区的教育满意度研究

本书研究的另一个重点和难点问题是：以什么样的量化指标或计量模型来构成宁夏西海固地区生态移民进程中农村基础教育取向的评价体系。一是考虑宁夏西海固地区是国家命名的 14 个集中连片贫困人口聚集区之一，从研究价值和指导意义而言，应具备我国农村基础教育现状的普遍性和西北贫困地区的共性；二是西海固地区在全国的生态移民进程中，既能体现党的改善贫困地区农村民生的好政策，又能体现在党和政府的主导下大力搞好农村基础教育满意度的个性，达到以点带面和贯彻落实党带领全国各族人民全面实现小康社会的好政策的作用。

五　研究方法

随着党中央制定的到 2020 年实现全面建成小康社会宏伟目标的逐步实施，从贫困地区生态移民进程中农村人口转移与农村基础教育取向研究的时空、地域角度出发，充分认识到本书研究的特殊性和普遍性，寻求对少数民族农村基础教育起支撑作用的政策运行机制，体现出我国西北地区少数民族农村基础教育取向适合和谐社会发展的研究价值，探讨为党和政府妥善解决西北少数民族地区农村教育、教育移民和脱贫问题，办好人民满意的教育，以及改善民生、维护社会稳定和促进民族平等、团结、互助、进步、和谐等方面，提供科学依据与可操作性强的对策和措施。本书不仅为研究宁夏西海固地区农村基础教育取向提供翔实、准确、可操作的量化依据，而且对西北地区乃至全国少数民族地区研究农村基础教育取向也有较强的借鉴作用。本书采用了以下研究方法：

（一）文献法

本书为了认真分析和研究宁夏西海固地区农村基础教育取向的问题，选取了民族学、教育学、经济学、社会学和人口学等多元理论原理和实践方法。因此，在学习不同学者的研究成果的基础上，参阅和有效地使用了大量的相关图书、统计年鉴和文献资料，使我们找出影响了宁夏西海固地区农村基础教育取向选择的主要原因。

（二）访谈法

课题组通过对宁夏西海固地区教育部门的部分主管领导、中小学校长和教师、学生家长以及中小学学生的访问，以谈话的形式了解当地农村基础教育的有关情况；对宁夏西海固地区经济社会发展条件、生活水平、基础教育取向、职业教育方式等进行了比较分析。

（三）实证研究方法

以宁夏西海固地区生态移民进程中农村基础教育取向为主线进行的专题研究，通过调查问卷、影响因子的图表分析、教育满意度评价，结合专家咨询及实地调研，研究和探讨了宁夏西海固地区农村基础教育取向的转变和适宜农村基础教育的重点领域，进而提出了解决当地农村基础教育取向问题的思路和改善对策。

第 一 章

西海固地区农村基础教育现状实证分析

　　宁夏西海固地区位于干旱和半干旱地区,其北部为风沙区,日照时间较长,昼夜温差较大;中部为黄土丘陵区,土地广阔,气候冷凉;南部是土石山区,降雨相对较多。境内山脊连绵、沟壑纵横,生态环境脆弱,自然条件恶劣,可谓"雨天一脚泥,风天飞沙石";资源较为贫乏,经济社会滞后,自古就称为"苦瘠甲天下",是我国 14 个集中连片的特殊贫困地区之一。

　　西海固地区由于受自然地理环境的影响,使得农村教育资源过于分散。近年来实施的生态移民工程,加快了农村人口涌向城市的流动速度,迁出的学生也已不再回流,部分教学点的合并、废止或消亡促使部分教育资源绝对闲置。

　　本章以西海固地区农村基础教育学校的现实的动态统计数据为主线,引证因生态移民、外出务工和跟随家长流动而异地求学学生所引起的农村人口锐减,导致农村基础教育阶段出现生源流失问题。以宁夏与全国和西北地区以及内蒙古相比、宁夏和银川与西海固地区农村基础教育阶段学生的现状相比为例,对农村学校撤并调整后教育资源配置等现状进行了分析,以均衡配置农村教育资源和提高农村基础教育质量为目标作了研究,目的是展现宁夏在全国和西北地区、西海固地区在宁夏和银川市的农村基础教育现状与农村享有基础教育资源的公平性的横向与纵向、点与面相比较的状态,为在研究报告的后半部分的存在问题和提出改进措施奠定基础。

第一节　西海固地区农村学校和学生现状①

一　宁夏与全国和西北地区及内蒙古中小学校均规模及学校规模现状

（一）宁夏与全国和西北地区及内蒙古中小学校均规模比较

由表1-1显示，2010—2016年全国和西北地区小学阶段校均规模呈递增状态。以2010年、2016年数据为例，其中，全国小学校均规模由2010年的386人增长到2016年的558人，2016年比2010年增长了1.45倍；宁夏由322人上升到379人，增长了1.17倍；陕西由269人上升到439人，增长了1.63倍；甘肃由205人上升到263人，增长了1.28倍；青海由290人上升到515人，增长了1.78倍。2010—2016年，虽然四省（区）的小学阶段的校均规模的动态值均有不同程度的增长，但是仍低于全国平均值，只有新疆和内蒙古的校均规模高于全国平均值，分别是：新疆由2010年的538人上升到2016年的612人，内蒙古由2010年的517人上升到2016年的773人，并且2010—2016年这两地区的校均规模动态值也均高于全国，特别是内蒙古在2016年的773人校均规模动态值位居西北地区最高，2010年、2016年分别比全国平均值多131人、215人。宁夏与西北省（区）及内蒙古相比位居中小学校均规模数值的第5位，2010年比全国少64人、2016年比全国少179人。

表1-1　　　　　2010—2016年宁夏与全国和西北地区

及内蒙古小学阶段校均规模比较　　　　　单位：人

年份	2010	2011	2012	2013	2014	2015	2016
全　国	386	411	424	438	469	509	558
宁　夏	322	331	326	326	334	345	379

---

①　本课题统计数据资料为宁夏回族自治区教育厅编《宁夏回族自治区教育统计手册》（2006—2017年）。因资料统计数据的起始年份、内容和指标名录存在差异或有的年份缺失，具体内容详见附录各表。下同。

续表

年份	2010	2011	2012	2013	2014	2015	2016
陕西省	269	286	293	309	344	398	439
甘肃省	205	202	200	194	201	224	263
青海省	290	334	350	380	414	464	515
新 疆	538	543	538	536	547	585	612
内蒙古	517	538	559	257	596	709	773

数据来源：宁夏回族自治区教育厅编：《宁夏回族自治区教育统计手册》（2011—2017 年）。

由表 1-2 显示，2010—2016 年全国和西北地区初中阶段的校均规模呈递减状态。以 2010 年、2016 年数据为例，其中，全国初中校均规模由 2010 年的 962 人减少到 2016 年的 831 人，2016 年比 2010 年减少了 131 人；宁夏由 1152 人下降到 1121 人，减少了 31 人；陕西由 880 人下降到 622 人，减少了 258 人；甘肃由 872 人下降到 591 人，减少了 281 人；新疆由 865 人下降到 843 人，减少了 22 人；内蒙古由 977 人下降到 884 人，减少了 93 人；只有青海省由 697 人增加到 776 人，增加了 79 人。

表 1-2 　　　　2010—2016 年宁夏与全国和西北地区
及内蒙古初中阶段校均规模　　　　　单位：人

年份	2010	2011	2012	2013	2014	2015	2016
全 国	962	936	895	841	833	823	831
宁 夏	1152	1144	1167	1177	1184	1158	1121
陕西省	880	824	745	690	652	620	622
甘肃省	872	815	743	664	631	610	591
青海省	697	735	800	800	791	790	776
新 疆	865	844	834	833	829	849	843
内蒙古	977	979	978	919	924	893	884

数据来源：宁夏回族自治区教育厅编：《宁夏回族自治区教育统计手册》（2011—2017 年）。

但是，2010—2016 年，宁夏与西北其他各省（区）及内蒙古的初中阶段校均规模相比，均高于全国平均值和西北其他各省（区）及内蒙古；

2010 年、2016 年分别多于全国 190 人、290 人，多于陕西 272 人、499 人，多于甘肃 455 人、345 人，多于新疆 287 人、278 人，多于内蒙古 175 人、237 人。因此，可以说宁夏在 2010 年、2016 年初中阶段的校均规模动态值与西北其他各省（区）及内蒙古相比位居第一。

（二）宁夏及西海固地区基础教育阶段学校分布

由表 1-3 显示，从宁夏的小学校与教学点的城乡分布来看，2005 年宁夏共有小学校和教学点共 3116 所，其中，小学校有 2527 所，小学教学点有 589 所；小学校分布为城区 119 所，镇区 154 所，乡村 2254 所；小学教学点分布为城区 2 所，镇区 3 所，乡村 584 所；2016 年小学校和教学点共 1960 所，其中，小学校有 1536 所，小学教学点有 424 所；小学校分布为城区 158 所，镇区 234 所，乡村 1144 所；小学教学点分布为城区 1 所，镇区 29 所，乡村 394 所。

表 1-3　　　2005—2016 年宁夏小学校与教学点的城乡分布状况　　单位：个

年份		2005	2006	2008	2009	2010	2011	2012	2013	2014	2015	2016
小学校	合计	2527	2373	2202	2131	2027	1942	1896	1850	1763	1693	1536
	城区	119	115	122	130	127	159	157	161	171	166	158
	镇区	154	144	162	167	164	222	232	232	231	233	234
	乡村	2254	2114	1918	1834	1736	1561	1507	1457	1361	1294	1144
教学点	合计	589	522	467	403	283	290	253	238	262	264	424
	城区	2	1	0	0	0	1	0	0	0	1	1
	镇区	3	4	3	2	3	20	18	20	23	24	29
	乡村	584	517	464	401	280	269	235	218	239	239	394
共计		3116	2895	2669	2534	2310	2232	2149	2088	2025	1957	1960

数据来源：宁夏回族自治区教育厅编：《宁夏回族自治区教育统计手册》（2006—2017 年）。2007 年此数据无统计。

由此可见，由于农村人口大量外迁，学生生源减少，在小学校总数减少的情况下，城区和镇区的小学校和小学教学点在增加或集中，农村的小学校和小学教学点在急剧减少。

由表 1-4 显示，从宁夏的完全中学、初级中学和一贯制义务教育初中部分的三种统计方式来看，2005 年宁夏共有初中学校 383 所，其中，完全中学校有 67 所，分布为城区 15 所、镇区 37 所、乡村 15 所；初级中学有 222 所，分布为城区 39 所、镇区 53 所、乡村 130 所；一贯制的初中部分 94 所，分布为城区 14 所、镇区 19 所、乡村 61 所。2016 年宁夏初中学校减少到 264 所，其中，完全中学校有 19 所，分布为城区 10 所、镇区 9 所、乡村 0 所；初级中学有 168 所，分布为城区 56 所、镇区 75 所、乡村 37 所；一贯制的初中部分 77 所，分布为城区 2 所、镇区 24 所、乡村 51 所。

表 1 - 4　　　　2005—2016 年宁夏初中学校分类及城乡分布情况　　　　单位：个

年份		2005	2006	2008	2009	2010	2011	2012	2013	2014	2015	2016
完全中学	合计	67	63	51	41	31	27	22	21	19	20	19
	城区	15	17	13	12	13	14	11	11	11	11	10
	镇区	37	35	30	24	17	12	11	10	8	9	9
	乡村	15	11	8	5	1	1	0	0	0	0	0
初级中学	合计	222	202	187	184	187	183	180	177	168	163	168
	城区	39	37	41	42	43	55	53	56	59	56	56
	镇区	53	47	45	55	59	68	71	66	65	71	75
	乡村	130	118	101	87	85	60	56	55	44	36	37
一贯制	合计	94	101	97	89	80	79	71	65	67	74	77
	城区	14	12	7	5	4	4	4	4	3	3	2
	镇区	19	19	21	20	19	25	25	23	23	22	24
	乡村	61	70	69	64	57	50	42	38	41	49	51
共计		383	366	335	314	298	289	273	263	254	257	264

数据来源：宁夏回族自治区教育厅编：《宁夏回族自治区教育统计手册》（2006—2017 年）。2007 年此数据无统计。

由此可见，2005—2016 年，宁夏全区初中部的学校数在总体下滑，农村的完全中学已经消亡；一贯制式的初中阶段在城区大量减少，主要集中在镇区和乡村；普通的初级中学仍是宁夏义务教育初中阶段教学的主要阵地。

（三）西海固地区基础教育阶段学校数①

由表1-5显示，2005—2016年宁夏及西海固地区的义务教育阶段的小学和初中学校数均呈下降态势，特别是宁夏全区的小学校由2005年的3116所下降到2016年的1960所，减少了1156所；固原市由2005年的1279所下降到2016年的849所，减少了430所；银川市由2005年的315所下降到2016年的209所，减少了106所；2016年固原市小学校数减少的数量比2个银川市的小学校数之和还多。

表1-5　　　　2005—2016年宁夏西海固地区小学阶段学校数情况　　　　单位：个

年份	2005	2006	2008	2009	2010	2011	2012	2013	2014	2015	2016
宁　夏	3116	2895	2669	2534	2310	2232	2149	2088	2025	1957	1960
银川市	315	279	244	235	218	215	218	209	204	204	209
固原市	1279	1218	1133	1083	980	949	909	898	881	860	849
原州区	335	326	249	237	195	185	179	177	167	167	166
西吉县	418	394	395	391	387	372	364	364	364	363	353
隆德县	162	143	135	137	135	135	108	101	97	77	77
泾源县	97	90	90	83	82	81	81	79	77	75	75
彭阳县	267	265	264	235	181	176	177	177	177	178	178
海原县	433	369	371	355	351	334	328	318	291	281	277
同心县	330	311	291	237	202	197	178	161	165	152	144

注：1. 表内数据为宁夏西海固地区小学校数＋小学教学点二项数据之和。2. 表中固原市的数据是原州区、西吉县、隆德县、泾源县、彭阳县五个地方的数据之和。下同。

数据来源：宁夏回族自治区教育厅编：《宁夏回族自治区教育统计手册》（2006—2017年）。2007年数据见《宁夏教育事业统计快报2007—2008学年初》。

以表1-5的2016年为例，将西海固地区与宁夏全区的数据对比分析结果显示，西海固地区共有小学校1270所，占宁夏全区乡村小学校总数1538所的82.57%，占宁夏全区的城区、镇区和乡村小学总数1960所的64.80%，是银川市209所小学的6.08倍。由此说明，西海固地区的小学

———————

① 本书中的固原市数据是原州区、西吉县、隆德县、泾源县、彭阳县五区县的数据之和。下同。

校是宁夏全区农村基础教育的主阵地。

由表1-6显示，从普通初中阶段的学校数来看，宁夏全区2005年有普通初中学校383所，2016年下降到264所，减少了119所；固原市由2005年的102所下降到2016年的62所，减少了40所；银川市由2005年的79所下降到2016年的63所，减少了16所；2016年的该项统计数据表明，西海固地区有普通初中阶段学校94所，占宁夏全区普通初中阶段学校总数264所的35.61%，是银川市63所普通中学的1.49倍。固原市所辖的一区四县的普通初中阶段学校数量几乎与银川市相等；以泾源县为例，该县2016年普通初中阶段学校仅有4所。

表1-6 　　　2005—2016年宁夏西海固地区普通初中阶段学校数情况　　　单位：个

年份	2005	2006	2008	2009	2010	2011	2012	2013	2014	2015	2016
宁　夏	383	366	335	314	298	289	273	263	254	257	264
银川市	79	70	64	55	57	55	55	57	58	62	63
固原市	102	102	93	90	80	75	66	62	60	59	62
原州区	27	27	21	21	16	15	13	13	14	14	15
西吉县	29	29	29	29	27	26	26	26	26	26	28
隆德县	18	18	20	20	18	15	12	11	8	7	7
泾源县	10	10	7	7	7	7	7	4	4	4	4
彭阳县	18	18	16	13	12	12	8	8	8	8	8
海原县	26	26	25	24	24	24	24	24	19	19	19
同心县	16	17	16	16	16	16	14	13	12	12	13

注：表内数据为宁夏西海固地区完全中学（初中部）+初级中学+九年一贯制（初中部）三项数值之和。

数据来源：宁夏回族自治区教育厅编：《宁夏回族自治区教育统计手册》（2006—2017年）。2007年数据见《宁夏教育事业统计快报2007—2008学年初》。

二　宁夏与全国和西北地区及内蒙古在校生现状

（一）宁夏与全国和西北地区及内蒙古每十万人基础教育阶段平均在校生数

由表1-7显示，2005—2016年宁夏与全国和西北地区及内蒙古每十万人基础教育阶段平均在校生数相比均呈下降态势。该项统计资料显示，2005 年，宁夏每十万人小学平均在校生数为 11789 人，全国为 8385 人、陕西为 9179 人、甘肃为 11591 人、青海为 9404 人、新疆为 10921 人、内蒙古为 6696 人，宁夏高于全国 1.41 倍，与西北地区及内蒙古相比，小学在校人数最多。2016 年，宁夏每十万人小学平均在校生数为 8726 人，全国为 7211 人、陕西为 6375 人、甘肃为 7006 人、青海为 7787 人、新疆为 9150 人、内蒙古为 5329 人，宁夏高于全国 1.21 倍，在西北地区仅少于新疆，是内蒙古的 1.64 倍。

表 1-7　　　2005—2016 年宁夏与全国和西北地区及内蒙古每十万人
小学阶段平均在校生数比较　　　　　　　单位：人

年份	2005	2006	2008	2009	2010	2011	2012	2013	2014	2015	2016
全　国	8358	8192	7819	7584	7448	7403	7196	6913	6946	7086	7211
宁　夏	11789	11691	11290	10857	10455	10163	9667	9291	8900	8814	8726
陕西省	9179	8739	7644	7215	6920	6790	6269	6057	6015	6175	6375
甘肃省	11591	11505	10278	9611	8984	8597	8048	7243	6980	6956	7006
青海省	9404	9614	9750	9620	9313	9092	8777	8283	7980	7787	7787
新　疆	10921	10438	9604	9264	8968	8785	8606	8484	8581	8916	9150
内蒙古	6696	6554	6456	6186	5907	5685	5501	5263	5191	5244	5329

数据来源：宁夏回族自治区教育厅编：《宁夏回族自治区教育统计手册》（2006—2017 年）。2007 年此数据无统计。

由表 1-8 显示，2005 年宁夏每十万人初中教育阶段学生平均在校生数为 4843 人，全国为 4781 人、陕西为 5782 人、甘肃为 5261 人、青海为 4219 人、新疆为 6114 人、内蒙古为 4556 人，宁夏高于全国 1.01 倍，与西北地区及内蒙古相比位列第 4，比西北地区最多的新疆少 1271 人。2016 年，宁夏每十万人初中教育阶段学生平均在校生数为 4112 人，全国为 3150 人、陕西为 2771 人、甘肃为 3370 人、青海为 3536 人、新疆为 3792 人、内蒙古为 2439 人，宁夏每十万人初中教育阶段学生平均在校生数高于全国 1.31 倍，在西北地区最多，是内蒙古的 1.69 倍。

由此可见，宁夏每十万人小学和初中教育阶段在校生数均高于全国平均水平。而且宁夏每十万人小学在校生数位居西北地区中上水平，初中教育阶段每十万人在校生数位列西北地区第一。

表1-8 　　2005—2016年宁夏与全国和西北地区及内蒙古每十万人

初中阶段平均在校生数比较 　　　　　　单位：人

年份	2005	2006	2008	2009	2010	2011	2012	2013	2014	2015	2016
全　国	4781	4557	4227	4097	3995	3779	3535	3279	3222	3152	3150
宁　夏	4843	4943	4868	4856	4919	4734	4579	4381	4208	4144	4112
陕西省	5782	5705	5181	4792	4356	4013	3515	3202	2968	2837	2771
甘肃省	5261	5569	5427	5369	5252	5021	3674	4018	3760	3509	3370
青海省	4219	4148	3754	3879	3938	3968	3674	3632	3669	3656	3536
新　疆	6114	5822	5083	4823	4648	4469	4270	4113	4025	3949	3792
内蒙古	4556	4316	3640	3478	3364	3202	3007	2765	2681	2553	2439

数据来源：宁夏回族自治区教育厅编：《宁夏回族自治区教育统计手册》（2006—2017年）。2007年此数据无统计。

（二）研究对象西海固地区的在校生数

由表1-9、表1-10显示，2005—2016年，西海固地区与全国和宁夏的在校生数相比均呈下降趋势，而银川市的该数据却呈波浪式递增态势。

统计显示，2005年，小学阶段在校生数全国为101202970人，宁夏为693207人，固原市为205908人，银川市为142453人；普通初中阶段在校生数全国为61718079人，宁夏为280950人，固原市为77557人，银川市为69864人。2016年，小学阶段在校生数全国降为99130126人，宁夏降为582883人，固原市降为122364人，银川市则上升为167635人；普通初中阶段在校生数全国降为43293684人，宁夏降为274696人，固原市降为62775人，银川市则上升到75052人。

从西海固地区与宁夏全区的小学及初中阶段学校的在校生数相比来看，以2016年为例，西海固地区小学在校生共有203870人，占宁夏全区小学在校生582883人的34.98%；西海固地区普通初中阶段在校生有98225人，占宁夏全区普通初中阶段在校生274696人的35.76%。

表1-9　2005—2016年全国和宁夏及宁夏各区小学阶段在校生数情况　　单位：人

年份	2005	2006	2008	2009	2010	2011	2012	2013	2014	2015	2016
全　国	101202970	107115346	103315122	100714661	99407043	99263674	96958985	93605487	94510651	96921831	99130126
宁　夏	693207	696760	688697	670621	653669	643293	618140	603947	588694	583509	582883
银川市	142453	147824	149977	147663	147483	148184	150600	151903	156931	162121	167635
固原市	205908	202349	196087	190779	175931	168306	147095	138626	130957	125397	122364
原州区	65770	66793	55458	54377	51916	50017	47308	45892	45263	45654	46523
西吉县	72380	70713	78019	75624	65872	63120	51135	47128	43740	40636	38930
隆德县	22609	20746	21438	20924	19424	18761	15323	14671	12721	11496	10999
泾源县	14977	14697	13720	13108	12989	12560	12098	11373	10774	10396	9685
彭阳县	30172	29400	27452	26746	25730	23848	21231	19562	18459	17215	16227
海原县	57297	60152	61448	60283	60664	58845	55297	52464	43539	42012	41975
同心县	52087	51185	48956	45227	44151	42807	41252	40347	39171	39104	39531

注：2007年数据见《宁夏教育事业统计快报2007—2008学年初》。

数据来源：宁夏回族自治区教育厅编：《宁夏回族自治区教育统计手册》（2006—2017年）。

表1-10　　　　　　　　　　2005—2016年全国和宁夏及宁夏

各区普通初中阶段在校生数情况　　单位：人

年份	2005	2006	2008	2009	2010	2011	2012	2013	2014	2015	2016
全　国	61718079	59579491	55849710	54409415	52793300	50668024	47630607	44401248	43846297	43119500	43293684
宁　夏	280950	290375	291970	298922	306755	299635	292813	284758	278323	274333	274696
银川市	69864	67208	68987	73880	76019	75367	74928	75041	75894	74493	75052
固原市	77557	78986	72655	73861	78607	74930	71667	68299	63995	62796	62775
原州区	25161	25514	22938	24202	27730	24630	24924	24817	23824	23264	22953
西吉县	24421	27257	20853	20413	24875	22505	21041	19938	19072	19425	20034
隆德县	11613	10555	11064	11344	10743	10543	9340	8617	7277	6417	6047
泾源县	5496	5475	5624	5710	5600	5276	4970	4798	4552	4470	4542
彭阳县	10866	10185	12176	12192	12659	11976	11392	10129	9270	9220	9199
海原县	16211	16900	19883	19902	19715	19542	18692	18064	17323	17315	17746
同心县	12841	15790	16789	19024	19380	18850	18402	17778	17370	17049	17734

注：2007年数据见《宁夏教育事业统计快报2007—2008学年初》。

数据来源：宁夏回族自治区教育厅编：《宁夏回族自治区教育统计手册》（2006—2017年）。

这一结果说明，宁夏乃至西海固地区在人口的总抚养比、主要是少儿抚养比方面所占比例较大，抚养率比较高，经济增长率受其影响程度较大。

三　宁夏与全国和西北地区及内蒙古生师比与寄宿生现状

（一）宁夏与全国和西北地区及内蒙古基础教育阶段的生师比

由表1－11显示，2008—2016年全国和西北地区及内蒙古小学阶段的生师比均呈波浪式起伏不定状态，升降无序。

表1－11　　　　　2008—2016年宁夏与全国和西北地区及内蒙古小学阶段生师比比较　　　单位：人

年份	2008	2009	2010	2011	2012	2013	2014	2015	2016
全　国	18.38	17.88	17.70	17.71	17.36	16.76	16.78	17.05	19.20
宁　夏	20.98	20.07	19.68	19.32	17.98	17.34	17.65	17.28	18.20
陕西省	15.84	15.22	14.90	14.83	14.06	13.96	14.21	14.93	16.90
甘肃省	19.03	18.05	16.89	15.57	14.71	13.30	12.83	12.84	14.20
青海省	19.70	19.90	19.52	19.77	19.10	17.60	18.28	17.15	21.60
新　疆	15.15	14.70	14.45	14.20	13.96	13.48	13.39	14.15	18.30
内蒙古	13.48	13.00	12.60	12.36	12.09	11.85	12.09	12.91	14.90

数据来源：宁夏回族自治区教育厅编：《宁夏回族自治区教育统计手册》（2009—2017年）。

以2008年、2016年数据为例，其中，小学阶段生师比全国由2008年的18.38人增长到2016年的19.20人，2016年比2008年增多了0.82人；宁夏由20.98人下降为18.20人，减少了2.78人；陕西由15.84人上升到16.90人，增多了1.06人；甘肃由19.03人下降到14.20人，减少了4.83人；青海由19.70人上升到21.60人，增多了1.90人；内蒙古由13.48人上升到14.90人，增多了1.42人。

2008年，宁夏均高于全国和西北地区及内蒙古；2016年，除青海高于全国平均数值之外，西北地区及内蒙古的小学阶段生师比均低于全国。

由表1－12显示，2008—2016年全国和西北地区及内蒙古初中阶段生师比总体呈下降趋势。同样以2008年、2016年数据为例，初中阶段生师比全国由 2008 年的 16.07 人下降到 2016 年的 12.41 人,2016 年比 2008 年减少了 3.66 人;宁夏由 17.84 人下降为 13.92 人,减少了 3.92 人;陕西由 16.61 人下降到 10.31 人,减少了 6.30 人;甘肃由 17.88 人下降到 10.64 人,减少了 7.24 人;青海由 15.15 人下降到 12.86 人,减少了 2.29 人;新疆由 13.31 人下降到 10.54 人,减少了 2.77 人;内蒙古由 13.44 人下降到 10.73 人,减少了 2.71 人。

表 1-12　　　　　2008—2016 年宁夏与全国和西北地区及
内蒙古初中阶段生师比比较　　　　　单位:人

年份	2008	2009	2010	2011	2012	2013	2014	2015	2016
全　国	16.07	15.47	14.98	14.38	13.59	12.76	12.57	12.41	12.41
宁　夏	17.84	16.37	16.50	15.90	15.11	14.77	14.59	14.16	13.92
陕西省	16.61	15.39	14.10	12.98	11.68	10.88	10.40	10.23	10.31
甘肃省	17.88	17.54	16.64	15.22	13.99	12.28	11.44	10.84	10.64
青海省	15.15	15.58	15.32	15.01	14.06	13.34	13.81	13.21	12.86
新　疆	13.31	12.62	11.98	11.46	10.98	10.67	10.47	10.58	10.54
内蒙古	13.44	12.96	12.73	12.65	12.01	11.12	11.02	10.82	10.73

数据来源:宁夏回族自治区教育厅编:《宁夏回族自治区教育统计手册》(2009—2017 年)。

2008 年,宁夏和甘肃高于全国和西北地区其他省(区)及内蒙古;2016 年,宁夏均高于全国和西北地区及内蒙古,位列第一。

(二)西海固地区寄宿生数

2010—2016 年宁夏及西海固地区基础教育阶段的小学和普通初中学生的寄宿生数,除海原县有上升外,其他地方总体均呈下降态势。

由表 1-13 显示,宁夏全区的小学阶段寄宿生数由 2010 年的 20496 人下降到 2016 年的 14966 人,减少了 5530 人;固原市由 2010 年的 10607 人下降到 2016 年的 7670 人,减少了 2937 人(但固原市的隆德县却反之,人数和上升幅度大增,2010 年为 469 人,2013 年为 2135 人,2013 年比 2010 年上升了 4.55 倍,2016 年保持在 1487 人,2016 年比 2010 年增加了 3.17 倍);银川市由 2010 年的 1315 人下降到 2016 年的 692 人,减少了 557 人;海原县则由 2010 年的 2691 人上升到 2016 年 3499 人,增加了 808 人。

表 1 - 13　　2010—2016 年宁夏西海固地区小学阶段寄宿生数情况　　单位：人

年份	2010	2011	2012	2013	2014	2015	2016
宁　夏	20496	20774	21384	19021	18149	16242	14966
银川市	1315	1117	1033	862	862	795	692
固原市	10607	9488	11076	9665	9086	8290	7670
原州区	1355	1198	782	651	553	489	436
西吉县	4625	3262	4933	4129	4469	3945	3783
隆德县	469	617	1261	2135	2009	1837	1487
泾源县	1936	2598	2216	907	403	436	388
彭阳县	2222	1813	1884	1843	1652	1583	1576
海原县	2691	4228	4114	3876	3923	3583	3499
同心县	825	1528	1041	868	818	740	599

数据来源：宁夏回族自治区教育厅编：《宁夏回族自治区教育统计手册》（2011—2017 年）。

由表 1 - 14 来看，普通初中阶段的寄宿生数，宁夏全区 2010 年为 109946 人，2016 年下降到 100874 人、减少了 9072 人；固原市由 2010 年的 45993 人下降到 2016 年的 37879 人、减少了 8114 人；银川市由 2010 年的 13891 人下降到 2016 年的 12312、减少了 1579 人；海原县则由 2010 年的 13539 人增加到 2016 年的 14478 人、增加了 939 人；同心县由 2010 年的 7634 人增加到 2016 年的 10720 人、增加了 3086 人、增长了 1.40 倍。

表 1 - 14　　2010—2016 年宁夏西海固地区普通初中阶段寄宿生数情况　　单位：人

年份	2010	2011	2012	2013	2014	2015	2016
宁　夏	109946	114910	115378	110498	106843	101512	100874
银川市	13891	13718	14108	12783	12489	11458	12312
固原市	45993	47491	46920	45474	42959	39992	37879
原州区	10046	10284	10902	10366	10088	8987	9407
西吉县	16432	17442	16778	16519	15412	14842	14103
隆德县	4966	5876	5858	6162	6023	5252	3819

年份	2010	2011	2012	2013	2014	2015	2016
泾源县	3987	3914	3899	3990	3956	3931	3806
彭阳县	10562	9975	9483	8437	7480	6980	6744
海原县	13539	13760	14646	14423	14007	14002	14478
同心县	7634	10218	10272	10061	10228	10421	10720

数据来源：宁夏回族自治区教育厅编：《宁夏回族自治区教育统计手册》（2011—2017年）。

第二节　西海固地区教育资源配置现状

随着我国城镇化建设的快速发展，城镇中小学校生源聚集、师资紧缺，而农村学生或随家长务工外出，或为寻求接受好的基础教育而举家迁移，致使许多农村地区人口骤减、学校合并，导致很多"空心村"，出现教育设施闲置现象。另外，农民要想供养孩子在城镇读书，需付出各种额外费用，加大了农民的经济负担。因此，政府相关部门和社会各界应着力解决农村闲置的教育资源，寻求有效载体，找准服务农民各级各类教育的切入点，在农闲时利用闲置教育设施以集中培训、科技人员讲座、线上互动线下自学等方式，传授农技知识和市场信息，创办农副产品加工业或服务业合作社，盘活国有、集体资产，使农村闲置教育设施更新用途，让农民受益，为新农村建设服务。

课题组经调研发现西海固地区在教育资源配置方面的现状如下：

一　宁夏与西海固地区基础教育学校校舍现状

西海固地区危房差异主要集中在农村小学，问题较为明显。如固原市区的经济发展水平较高，市区里的中小学危房较少，甚至没有危房；而经济发展水平较低、条件较差的西海固地区农村的中小学，则校舍危房问题较为突出。

（一）宁夏及西海固地区义务教育阶段学校的危房校舍面积

由表1-15显示，2005—2016年宁夏及西海固地区的义务教育阶段的危房面积，小学校的情况较为严重，初中阶段的危房状况改善较好。所以，本书把小学阶段的危房情况作为重点表述。本课题对象地区总体均呈波浪式下降态势，2005年宁夏全区有危房153287平方米，2016年仅剩1664平方米；西海固地区2005年有危房面积67952平方米，2016年均已消除危房。

表1-15　2005—2016年宁夏西海固地区小学阶段学校危房面积情况

单位：平方米

年份	2005	2006	2008	2009	2010	2011	2012	2013	2015	2016
宁　夏	153287	164193	39798	91394	131068	84259	62967	58131	22220	1664
银川市	12239	32373	15600	4885	37574	30603	25275	44788	20582	0
固原市	56906	38293	12578	20240	17433	19236	10834	2393	0	0
原州区	21416	6699	2507	4146	9007	6619	1969	0	0	0
西吉县	9179	5207	804	4122	2239	6307	1589	0	0	0
隆德县	15760	15668	6312	7955	4767	2318	1432	2393	0	0
泾源县	4005	5071	0	0	0	590	590	0	0	0
彭阳县	6546	5648	2955	4017	1420	3402	5254	0	0	0
海原县	6337	996	1980	1413	998	445	7409	60	0	0
同心县	4709	3102	1460	2856	9339	3048	3529	2311	0	0

数据来源：宁夏回族自治区教育厅编：《宁夏回族自治区教育统计手册》（2011—2017年）。

（二）宁夏与全国和西北地区及内蒙古校舍面积

由表1-16显示，2015—2016年宁夏与全国和西北地区及内蒙古小学阶段的生均校舍建筑面积均有增加，宁夏高于全国和新疆，低于陕西、甘肃、青海及内蒙古；其中，小学阶段全国由2015年的6.95平方米，增长到2016年的7.16平方米；宁夏由7.28平方米增加到7.60平方米；陕西由7.75平方米降为7.73平方米；甘肃由7.62平方米上升到7.82平方米；青海由8.27平方米增加到8.76平方米；新疆由5.94平方米增加到6.11平方米；内蒙古由8.71平方米上升到9.26平方米。

表1-16　　　　　2015—2016年宁夏与全国和西北地区及内蒙古
小学阶段部分生均指标比较

	图书（册）		教学仪器设备值（元）		校舍建筑面积（平方米）		教辅用房面积（平方米）	
	2015年	2016年	2015年	2016年	2015年	2016年	2015年	2016年
全　国	20.44	21.53	1044.29	1200.75	6.95	7.16	3.82	3.88
宁　夏	18.73	20.18	2163.66	2618.80	7.28	7.60	4.12	4.36
陕西省	29.68	31.24	1229.95	1315.27	7.75	7.73	4.02	3.94
甘肃省	20.14	20.12	1003.95	1272.58	7.62	7.82	4.40	4.40
青海省	22.11	23.37	782.06	764.67	8.27	8.76	3.80	3.93
新　疆	14.33	14.46	1125.75	1275.33	5.94	6.11	3.35	3.49
内蒙古	17.43	19.01	1394.20	1904.78	8.71	9.26	4.30	4.81

数据来源：宁夏回族自治区教育厅编：《宁夏回族自治区教育统计手册》（2016—2017年）。

由表1-17显示，2015—2016年宁夏与全国和西北地区及内蒙古初中阶段的生均校舍建筑面积总体均有增加。其中，全国由2015年的12.77平方米增长到2016年的13.36平方米；宁夏由11.43平方米增加到12.11平方米；陕西由13.70平方米增加到13.90平方米；甘肃由11.48平方米上升到12.72平方米；青海由13.89平方米增加到15.51平方米；新疆由13.36平方米增加到14.71平方米；内蒙古由14.39平方米上升到15.72平方米。

表1-17　　　　　2015—2016年宁夏与全国和西北地区及内蒙古
初中阶段部分生均指标比较

	图书（册）		教学仪器设备值（元）		校舍建筑面积（平方米）		教辅用房面积（平方米）	
	2015年	2016年	2015年	2016年	2015年	2016年	2015年	2016年
全　国	32.42	34.37	1745.77	2009.66	12.77	13.36	5.30	5.45
宁　夏	27.92	30.76	3062.07	3631.33	11.43	12.11	5.40	5.75
陕西省	43.92	44.28	1849.20	2010.48	13.70	13.90	5.46	5.51
甘肃省	30.72	32.73	1521.21	1891.65	11.48	12.72	5.11	5.49

	图书（册）		教学仪器 设备值（元）		校舍建筑面积 （平方米）		教辅用房面积 （平方米）	
	2015 年	2016 年	2015 年	2016 年	2015 年	2016 年	2015 年	2016 年
青海省	37.45	42.08	1556.32	1620.51	13.89	15.51	6.02	6.38
新　疆	31.91	33.62	2269.00	2689.77	13.36	14.71	6.37	7.12
内蒙古	26.80	31.08	2022.05	2905.58	14.39	15.72	6.27	6.98

数据来源：宁夏回族自治区教育厅编：《宁夏回族自治区教育统计手册》（2016—2017 年）。

（三）西海固地区小学和普通初中学校校舍当年新增面积

2005—2016 年宁夏与西海固地区的小学和普通初中阶段学校的校舍当年新增面积，总体均大幅度增加，有的地区 2005—2016 年的校舍当年新增面积翻了两番多，有的县则已近饱和多年未有数据，特别是 2016 年度泾源县和彭阳县两地的校舍新增面积的统计数据为零。

由表 1-18 显示，2005 年，宁夏小学校校舍当年新增面积为 87436 平方米，西海固地区小学校校舍当年新增面积为 26026 平方米、占全区小学校校舍当年新增面积的 29.77%；2016 年，宁夏小学校校舍当年新增面积为 267219 平方米，西海固地区小学校校舍当年新增面积为 159734 平方米、占全区小学校校舍当年新增面积的 59.78%；2005—2016 年，宁夏全区小学校的校舍当年新增面积增加了 179783 平方米，西海固地区小学校同期增加校舍当年新增面积 133708 平方米。

表 1-18　　　　　2005—2016 年宁夏西海固地区小学阶段学校校舍
当年新增面积情况　　　　　　　单位：平方米

年份	2005	2006	2008	2009	2010	2011	2012	2013	2014	2015	2016
宁　夏	87436	134980	133985	184383	163667	84259	303405	392362	297917	344998	267219
银川市	29989	34658	25041	46615	88343	30603	71069	113754	91386	42618	31505
固原市	17932	30193	19574	49159	22637	53338	53487	65047	52109	118063	54290
原州区	4730	16680	2540	7848	470	15623	5455	22454	14791	44578	6963
西吉县	6683	8501	7048	4194	2222	2700	30904	7962	15109	15828	21482
隆德县	2627	701	3325	5884	2542	22216	4933	19888	1709	14240	7709

年份	2005	2006	2008	2009	2010	2011	2012	2013	2014	2015	2016
泾源县	2642	2091	3522	16447	12953	7302	6042	820	6307	18932	13258
彭阳县	1250	2220	3139	14786	4450	5497	6153	13923	14193	24484	4877
海原县	3233	970	2240	3222	5356	5710	6757	41410	4440	32266	39432
同心县	4861	3210	12207	14809	1662	38695	35718	29950	45554	21988	66012

数据来源：宁夏回族自治区教育厅编：《宁夏回族自治区教育统计手册》（2006—2017 年）。2007 年此数据无统计。

由表 1 - 19 显示，2005 年，宁夏普通初中阶段学校的校舍当年新增面积为 119132 平方米，西海固地区的初中阶段学校的校舍当年新增面积为 56266 平方米、占全区初中阶段学校校舍当年新增面积的 47.23%；2016 年，宁夏普通初中阶段学校的校舍当年新增面积为 192171 平方米，西海固地区的普通初中阶段学校校舍当年新增面积为 130207 平方米、占全区该数据的 67.76%。

表 1 - 19　　　2005—2016 年宁夏西海固地区普通初中学校校舍
当年新增面积情况　　　　　　　单位：平方米

年份	2005	2006	2008	2009	2010	2011	2012	2013	2014	2015	2016
宁　夏	119132	13589	65955	170381	118939	215470	246929	157707	2472457	165584	192171
银川市	50511	16409	20909	73066	76553	48454	963104	16416	1019044	17581	37276
固原市	39431	64150	22554	34745	8405	12700	51535	35513	78963	41963	16101
原州区	7003	24044	18046	21391	3322	1750	21002	0	39716	18231	1136
西吉县	12650	28532	1704	351	2180	0	21633	1840	928	15050	8721
隆德县	2038	0	2804	5681	765	8198	3740	0	7841	4200	6244
泾源县	3285	4611	0	0	0	0	0	33561	2310	3010	0
彭阳县	14455	6963	2426	7322	2138	2752	5160	112	28168	1473	0
海原县	3580	11201	5180	968	588	2338	2863	3360	4318	25279	67865
同心县	13255	789	0	5604	3088	9736	7760	38204	44911	4150	46241

数据来源：宁夏回族自治区教育厅编：《宁夏回族自治区教育统计手册》（2006—2017 年）。2007 年此数据无统计。

（四）西海固地区小学和普通初中学校校舍面积

2005—2016 年，宁夏与西海固地区的小学和普通初中阶段学校的校舍面积均大幅度增加，有的地区校舍面积翻了两番，形势甚为喜人，学校的面貌翻天覆地。

由表 1-20 来看，2005 年，宁夏小学阶段的校舍面积为 2674643 平方米，西海固地区的小学校舍面积为 1014221 平方米、占全区小学校舍面积的 37.91%；2016 年，宁夏小学校的校舍面积为 4432032 平方米，西海固地区的小学校舍面积为 1738204 平方米、占全区小学校舍面积的 39.22%；2005—2016 年，宁夏全区小学校舍面积增加了 1757389 平方米，西海固地区小学增加校舍面积 19185 平方米。

表 1-20　　2005—2016 年宁夏西海固地区小学阶段校舍面积情况　单位：平方米

年份	2005	2006	2008	2009	2010	2011	2012	2013	2014	2015	2016
宁　夏	2674643	2791741	2880355	3052755	3129892	3209945	3401014	3813579	4041323	4246111	4432032
银川市	611099	627730	682074	737586	801337	827389	965042	979080	1087321	1100409	1135162
固原市	688117	718972	696275	728404	742281	792367	836741	918772	956133	1052280	1069127
原州区	217644	233111	195557	204828	202042	213778	233226	260692	272086	327541	335753
西吉县	182735	190709	205545	208971	227096	223799	230924	256909	269233	282458	285013
隆德县	95256	96972	93120	97340	98410	118153	123900	139310	142003	143446	138840
泾源县	69113	70052	73160	79728	80806	90277	87712	93645	97748	103740	112744
彭阳县	123369	128128	128893	137537	133927	146360	160979	168216	175063	195095	196776
海原县	183037	189468	214958	218282	223055	232412	235103	276804	268172	290489	340257
同心县	143067	156282	167635	182929	181385	185351	222305	232036	271414	275964	328820

数据来源：宁夏回族自治区教育厅编：《宁夏回族自治区教育统计手册》（2006—2017 年）。2007 年此数据无统计。

由表 1-21 来看，2005 年，宁夏普通初中阶段学校的校舍面积为 1331538 平方米，西海固地区的普通初中阶段学校校舍面积为 333089 平方米、占全区普通初中阶段学校校舍面积的 25.02%；2016 年，宁夏普通初中阶段学校校舍面积为 2645084 平方米，西海固地区的普通初中阶段学校校舍面积为 698872 平方米、占全区普通初中阶段学校校舍面积的 26.42%。

表1-21 2005—2016年宁夏西海固地区普通初中学校校舍面积情况

单位：平方米

年份	2005	2006	2008	2009	2010	2011	2012	2013	2014	2015	2016
宁 夏	1331538	1525283	1791163	1976109	2279289	2453528	2684488	2752276	3027518	3136250	2645084
银川市	373882	394105	476961	494236	525869	550105	584015	615301	713941	758722	1143517
固原市	224249	308962	346531	398894	500976	531033	637227	605988	680003	703482	502456
原州区	68419	93875	120720	135267	149609	146189	154312	149809	191389	197694	208221
西吉县	59366	98853	102631	129280	136527	148586	168259	175185	176602	192786	123248
隆德县	35395	35317	38297	43947	49943	71532	78295	88935	89666	88483	68484
泾源县	16301	21626	11840	12633	40115	40116	37503	48865	51225	51925	35808
彭阳县	44768	59291	73043	77737	124782	124610	198858	143194	171121	172594	66695
海原县	41162	69833	91466	91487	95279	122880	127972	164012	172514	187568	109757
同心县	67678	81642	83897	110774	117322	132401	122553	161969	195346	193317	86659

数据来源：宁夏回族自治区教育厅编：《宁夏回族自治区教育统计手册》（2006—2017年）。2007年此数据无统计。

二 宁夏与西海固地区基础教育学校教学设备软硬件配套现状

农村中小学的教学仪器存在数量普遍偏少、质量较低，存在不均衡现象，校际间的差别较大。教学仪器的缺乏在某种程度上影响中小学课程的实施，使中小学课程不能开足开全。

（一）宁夏与全国和西北地区及内蒙古小学与初中阶段图书拥有量

由表1-22显示，2015—2016年宁夏与全国和西北地区及内蒙古小学和初中阶段的生均图书拥有量总体均有增加。其中，小学阶段全国由2015年的20.44册，增长到2016年的21.53册；宁夏由18.73册增加到20.18册；陕西由29.68册上升到31.24册；甘肃由20.14册略降到20.12册；青海由22.11册增加到23.37册；新疆由14.33册增加到14.46册；内蒙古由17.43册上升到19.01册。

表 1 - 22　　　　　2015—2016 年宁夏与全国和西北地区及内蒙古
小学阶段部分生均指标比较

	图书（册）		教学仪器设备值（元）		校舍建筑面积（平方米）		教辅用房面积（平方米）	
	2015 年	2016 年	2015 年	2016 年	2015 年	2016 年	2015 年	2016 年
全　国	20.44	21.53	1044.29	1200.75	6.95	7.16	3.82	3.88
宁　夏	18.73	20.18	2163.66	2618.80	7.28	7.60	4.12	4.36
陕西省	29.68	31.24	1229.95	1315.27	7.75	7.73	4.02	3.94
甘肃省	20.14	20.12	1003.95	1272.58	7.62	7.82	4.40	4.40
青海省	22.11	23.37	782.06	764.67	8.27	8.76	3.80	3.93
新　疆	14.33	14.46	1125.75	1275.33	5.94	6.11	3.35	3.49
内蒙古	17.43	19.01	1394.20	1904.78	8.71	9.26	4.30	4.81

数据来源：宁夏回族自治区教育厅编：《宁夏回族自治区教育统计手册》（2016—2017 年）。

由表 1 - 23 显示，2015—2016 年宁夏与全国和西北地区及内蒙古初中阶段的生均图书拥有量均有增长。其中，全国由 2015 年的 32.42 册增长到 2016 年的 34.37 册；宁夏由 27.92 册增加到 30.76 册；陕西由 43.92 册上升到 44.28 册；甘肃由 30.72 册上升到 32.73 册；青海由 37.45 册增加到 42.08 册；新疆由 31.91 册增加到 33.62 册；内蒙古由 26.80 册上升到 31.08 册。

表 1 - 23　　　　　2015—2016 年宁夏与全国和西北地区及内蒙古
初中阶段部分生均指标比较

	图书（册）		教学仪器设备值（元）		校舍建筑面积（平方米）		教辅用房面积（平方米）	
	2015 年	2016 年	2015 年	2016 年	2015 年	2016 年	2015 年	2016 年
全　国	32.42	34.37	1745.77	2009.66	12.77	13.36	5.30	5.45
宁　夏	27.92	30.76	3062.07	3631.33	11.43	12.11	5.40	5.75
陕西省	43.92	44.28	1849.20	2010.48	13.70	13.90	5.46	5.51
甘肃省	30.72	32.73	1521.21	1891.65	11.48	12.72	5.11	5.49

续表

	图书（册）		教学仪器 设备值（元）		校舍建筑面积 （平方米）		教辅用房面积 （平方米）	
	2015 年	2016 年	2015 年	2016 年	2015 年	2016 年	2015 年	2016 年
青海省	37.45	42.08	1556.32	1620.51	13.89	15.51	6.02	6.38
新　疆	31.91	33.62	2269.00	2689.77	13.36	14.71	6.37	7.12
内蒙古	26.80	31.08	2022.05	2905.58	14.39	15.72	6.27	6.98

数据来源：宁夏回族自治区教育厅编：《宁夏回族自治区教育统计手册》（2016—2017 年）。

可以看出，宁夏小学和初中阶段的生均图书拥有量均低于全国；以 2016 年初中阶段的生均图书拥有量为例，均低于全国和西北地区及内蒙古。宁夏的生均图书拥有量与西北地区最多的陕西相比，2015 年小学阶段相差 10.95 册、2016 年相差 16.94 册，2015 年初中阶段相差 16.00 册、2016 年相差 13.52 册。

（二）宁夏与西海固地区小学与初中阶段图书拥有量

由表 1 - 24 显示，2005 年，宁夏小学阶段学校的图书拥有量为 7851367 册，西海固地区的小学阶段图书拥有量为 3399473 册、占全区小学阶段图书拥有量的 43.30%；2016 年，宁夏小学阶段学校的图书拥有量为 11764091 册，西海固地区的小学阶段图书拥有量为 4283284 册、占全区该数据的 36.41%。

表 1 - 24　2005—2016 年宁夏西海固地区小学阶段学校图书拥有量情况　　单位：册

年份	2005	2006	2008	2009	2010	2011	2012	2013	2014	2015	2016
宁　夏	7851367	7817190	8750475	8966812	9386979	9513559	9958273	10568707	10565079	10929523	11764091
银川市	1753554	1751360	2131766	2256742	2603081	2379465	2592778	2872904	2897479	3064962	3278197
固原市	2449277	2502699	2624927	2607768	2723583	2777348	2837930	2790258	2630971	2640043	2628653
原州区	780834	784076	716473	696614	771387	790084	796062	821495	832649	869707	906875
西吉县	571065	616204	784629	758768	747746	775546	766057	767937	772230	818852	771508
隆德县	350493	378579	352942	347548	363609	371615	366232	364545	367687	263142	246033

续表

年份	2005	2006	2008	2009	2010	2011	2012	2013	2014	2015	2016
泾源县	255106	243319	298272	289265	295731	291246	293746	286070	206956	209071	225384
彭阳县	491779	480521	472611	515573	535110	548857	615833	550211	451449	479271	478853
海原县	559610	495314	567298	592962	567894	679621	726917	755929	727527	687814	815598
同心县	390586	338829	399754	397552	406196	519070	550464	577452	594417	607117	839033

数据来源：宁夏回族自治区教育厅编：《宁夏回族自治区教育统计手册》（2006—2017 年）。2007 年此数据无统计。

由表 1 - 25 显示，2005 年，宁夏普通初中阶段学校的图书拥有量为 2976234 册，西海固地区的初中阶段图书拥有量为 830737 册、占全区初中阶段图书拥有量的 27.91%；2016 年，宁夏普通初中阶段学校的图书拥有量为 8450055 册，西海固地区的普通初中阶段图书拥有量为 2804384 册、占全区该数据的 33.19%。

表 1 - 25　2005—2016 年宁夏西海固地区普通初中学校图书拥有量情况　　单位：册

年份	2005	2006	2008	2009	2010	2011	2012	2013	2014	2015	2016
宁　夏	2976234	3259652	4346175	4531447	4847585	5468572	5979856	6187691	7052620	7658371	8450055
银川市	810047	817210	1185403	1160637	1218454	1329198	1474600	1631948	1909780	1994609	2071319
固原市	596340	815518	943906	951089	1102159	1255486	1345889	1176441	1301477	1569553	1716253
原州区	224180	281853	290408	265384	331490	354270	343699	351436	399753	560598	604002
西吉县	121651	213994	282181	320848	316315	384293	404153	427205	396935	407785	512165
隆德县	141990	141990	148106	147863	155430	177673	166596	123262	181106	188321	185107
泾源县	57354	69259	42402	42402	111883	111883	107953	53985	67648	91477	90607
彭阳县	51165	108422	180809	174592	187041	227367	323488	220553	256035	321372	324372
海原县	140550	176035	273087	280788	295159	336896	354584	402682	365799	372961	579804
同心县	93847	139180	160073	197297	219869	282533	297140	302157	291183	312803	508327

数据来源：宁夏回族自治区教育厅编：《宁夏回族自治区教育统计手册》（2006—2017 年）。2007 年此数据无统计。

（三）宁夏与西海固地区小学校体育场馆面积

由表1-26显示，2005年，宁夏小学校的体育场馆面积为5028226平方米，西海固地区小学校的体育场馆面积为1913340平方米、占全区小学校体育场馆面积的38.05%；2016年，宁夏小学校的体育场馆面积为6690123平方米，西海固地区小学校的体育场馆面积为2713375平方米、占全区小学校体育场馆面积的40.56%；2005—2016年，宁夏全区小学校的体育场馆面积增加了1661897平方米，西海固地区小学校增加体育场馆面积800035平方米。

表1-26　　　　　　　　2005—2016年宁夏西海固地区
小学阶段学校体育场馆面积情况　　　　　单位：平方米

年份	2005	2006	2008	2009	2010	2011	2012	2013	2014	2015	2016
宁　夏	5028226	5076881	5018866	5130160	5176745	5774563.7	5926083	6543007	6850072	6794911	6690123
银川市	1088787	1080200	1052296	1093207	1115266	1146371	1213231	1242546	1532733	1502515	1559010
固原市	1154505	1236954	1154348	1152386	1182454	1256517	1250353	1389688	1404777	1607926	1583720
原州区	385514	431435	326742	331495	347759	385129	399202	427974	458982	567615	562679
西吉县	301478	338894	368309	379659	380135	350984	355147	396328	389497	495604	468649
隆德县	138571	135229	134010	129063	128555	157095	138255	142459	143374	125563	139208
泾源县	94316	92470	99146	98628	105794	115231	108131	128637	161773	175630	161045
彭阳县	234626	238926	226141	213541	220211	248078	249618	294290	251151	243513	252139
海原县	366182	257859	308763	328814	337472	708855.7	723995	796307	629199	610802	592898
同心县	392653	371971	337671	352747	431149	517351	494795	536502	550396	576461	536757

数据来源：宁夏回族自治区教育厅编：《宁夏回族自治区教育统计手册》（2006—2017年）。2007年此数据无统计。

由表1-27显示，2005年，宁夏普通初中阶段学校的体育场馆面积为2270288平方米，西海固地区的初中阶段学校的体育场馆面积为505412平方米、占全区初中阶段学校体育场馆面积的22.26%；2016年，宁夏普通初中阶段学校的体育场馆面积为3513776平方米，西海固地区的普通初中阶段学校体育场馆面积为1128903平方米、占全区该数据的32.13%。

表1-27　　　　　　　　2005—2016年宁夏西海固地区普通初中

学校体育场馆面积情况　　　　单位：平方米

年份	2005	2006	2008	2009	2010	2011	2012	2013	2014	2015	2016
宁　夏	2270288	2299000	2478986	237236	2597996	2879788	2974284	2941317	3293943	3384482	3513776
银川市	570981	565818	657495	601683	608673	603512	652932	676231	790805	795314	805548
固原市	314424	386125	384606	369133	474669	462744	474432	449179	502646	567269	660913
原州区	103533	137554	122297	118113	177900	173150	184016	185658	197339	234331	241763
西吉县	44779	57388	69085	80979	89059	95551	96551	81863	99363	125418	199237
隆德县	78939	78939	78939	68778	64376	57355	52478	59965	61365	61717	76989
泾源县	14410	27505	23071	23300	44667	44667	36867	33174	42688	42688	38590
彭阳县	72763	84739	91214	77963	98667	92021	104520	84519	101891	103115	104335
海原县	64621	120357	158448	137814	141754	317036	326243	322355	302035	312128	249579
同心县	126367	124447	132557	104222	103322	118022	100522	112654	176206	182785	218411

数据来源：宁夏回族自治区教育厅编：《宁夏回族自治区教育统计手册》（2006—2017年）。2007年此数据无统计。

（四）宁夏与西海固地区小学校计算机拥有量

由表1-28显示，2005年，宁夏小学阶段学校的计算机拥有量为21471台，西海固地区的小学阶段计算机拥有量为3248台、占全区小学阶段计算机拥有量的15.13%；2016年，宁夏小学阶段学校的计算机拥有量为97134台，西海固地区的小学阶段计算机拥有量为33716台、占全区该数据的34.71%。

表1-28　　　　　　　　2005—2016年宁夏西海固地区

小学阶段计算机拥有量情况　　　　单位：台

年份	2005	2006	2008	2009	2010	2011	2012	2013	2014	2015	2016
宁　夏	21471	23857	30821	36816	42195	45686	52290	61336	73504	82604	97134
银川市	7780	8151	11023	12333	12967	14090	17244	20202	23538	24151	26427
固原市	2038	2606	3362	4482	7167	8768	10238	11118	13054	17949	21854
原州区	1046	1168	1504	2147	3364	3413	3633	4052	4211	5887	6092

续表

年份	2005	2006	2008	2009	2010	2011	2012	2013	2014	2015	2016
西吉县	169	443	508	654	713	1887	2685	3134	3201	3326	6301
隆德县	314	411	507	490	528	728	817	803	771	2717	2698
泾源县	265	283	332	498	936	1244	1263	1408	1230	1689	2423
彭阳县	244	301	511	693	1626	1496	1840	1721	3641	4330	4340
海原县	600	547	1018	1217	1509	1891	2343	2459	2685	2827	5789
同心县	610	651	783	840	1259	2403	3021	3126	2916	2885	6073

数据来源：宁夏回族自治区教育厅编：《宁夏回族自治区教育统计手册》（2006—2017年）。2007年此数据无统计。

由表1-29显示，2005年，宁夏普通初中阶段学校的计算机拥有量为15289台，西海固地区的初中阶段计算机拥有量为2800台、占全区初中阶段计算机拥有量的18.31%；2016年，宁夏普通初中阶段学校的计算机拥有量为56694台，西海固地区的普通初中阶段计算机拥有量为15857台、占全区该数据的27.97%。

表1-29　　　　　　2005—2016年宁夏西海固地区
普通初中学校计算机拥有量情况　　　　单位：台

年份	2005	2006	2008	2009	2010	2011	2012	2013	2014	2015	2016
宁　夏	15289	19194	22733	25270	28790	32870	36343	39873	47707	50844	56694
银川市	4391	5027	6743	6399	6831	7750	9800	10909	13796	14241	15322
固原市	1740	3157	3679	4252	5037	6506	7319	7154	7805	8857	9922
原州区	935	1057	1151	1448	1688	2135	1787	2065	2114	2788	3205
西吉县	303	777	916	1239	1250	1999	2372	2642	2642	2617	2954
隆德县	190	509	530	531	511	636	828	717	717	1072	1263
泾源县	135	222	113	136	458	631	606	275	485	485	613
彭阳县	177	592	969	898	1130	1105	1730	1455	1847	1895	1887
海原县	578	861	1055	1099	1210	1444	1445	1393	1567	1582	2713
同心县	482	707	676	901	1446	1933	1984	2184	2103	1983	3222

数据来源：宁夏回族自治区教育厅编：《宁夏回族自治区教育统计手册》（2006—2017年）。2007年此数据无统计。

（五）宁夏与西北地区及内蒙古的生均教学仪器设备值比较

由表 1－30 显示，2015—2016 年宁夏与全国和西北地区及内蒙古小学阶段的生均教学仪器设备值总体均呈增长状态。其中，小学阶段全国由 2015 年的 1044.29 元增长到 2016 年的 1200.75 元；宁夏由 2163.66 元增加到 2618.80 元；陕西由 1229.95 元上升到 1315.27 元；甘肃由 1003.95 元增加到 1272.58 元；青海由 782.06 元略降到 764.67 元；新疆由 1125.75 元增加到 1275.33 元；内蒙古由 1394.20 元上升到 1904.78 元。

表 1－30　　　　2015—2016 年宁夏与全国和西北地区及内蒙古
小学阶段部分生均指标比较

	图书（册）		教学仪器设备值（元）		校舍建筑面积（平方米）		教辅用房面积（平方米）	
	2015 年	2016 年	2015 年	2016 年	2015 年	2016 年	2015 年	2016 年
全　国	20.44	21.53	1044.29	1200.75	6.95	7.16	3.82	3.88
宁　夏	18.73	20.18	2163.66	2618.80	7.28	7.60	4.12	4.36
陕西省	29.68	31.24	1229.95	1315.27	7.75	7.73	4.02	3.94
甘肃省	20.14	20.12	1003.95	1272.58	7.62	7.82	4.40	4.40
青海省	22.11	23.37	782.06	764.67	8.27	8.76	3.80	3.93
新　疆	14.33	14.46	1125.75	1275.33	5.94	6.11	3.35	3.49
内蒙古	17.43	19.01	1394.20	1904.78	8.71	9.26	4.30	4.81

数据来源：宁夏回族自治区教育厅编：《宁夏回族自治区教育统计手册》（2016—2017 年）。

由表 1－31 显示，2015—2016 年宁夏与全国和西北地区及内蒙古初中阶段的生均教学仪器设备值总体均呈增长状态。其中，全国由 2015 年的 1745.77 元增长到 2016 年的 2009.66 元；宁夏由 3062.07 元增加到 3631.33 元；陕西由 1849.20 元上升到 2010.48 元；甘肃由 1521.21 元增加到 1891.65 元；青海由 1556.32 元上升到 1620.51 元；新疆由 2269.00 元增加到 2689.77 元；内蒙古由 2022.05 元上升到 2905.58 元。由统计数据显示，宁夏小学和初中阶段的生均教学仪器设备值均高于全国和西北地区及内蒙古，优势明显，以初中阶段的生均教学仪器设备值为例，2015 年比全国多 1316.30 元，2016 年比全国高出 1621.67 元。

表 1 – 31　　　　　2015—2016 年宁夏与全国和西北地区及内蒙古
初中阶段部分生均指标比较

	图书（册）		教学仪器设备值（元）		校舍建筑面积（平方米）		教辅用房面积（平方米）	
	2015 年	2016 年	2015 年	2016 年	2015 年	2016 年	2015 年	2016 年
全　国	32.42	34.37	1745.77	2009.66	12.77	13.36	5.30	5.45
宁　夏	27.92	30.76	3062.07	3631.33	11.43	12.11	5.40	5.75
陕西省	43.92	44.28	1849.20	2010.48	13.70	13.90	5.46	5.51
甘肃省	30.72	32.73	1521.21	1891.65	11.48	12.72	5.11	5.49
青海省	37.45	42.08	1556.32	1620.51	13.89	15.51	6.02	6.38
新　疆	31.91	33.62	2269.00	2689.77	13.36	14.71	6.37	7.12
内蒙古	26.80	31.08	2022.05	2905.58	14.39	15.72	6.27	6.98

数据来源：宁夏回族自治区教育厅编：《宁夏回族自治区教育统计手册》（2016—2017 年）。

三　宁夏与西海固地区基础教育学校学生在校生活现状

（一）学校用房

课题组在调研时看到，一些农村学校虽然有厨房、有厨具、有部分餐具，但是卫生环境条件不太理想，有的没有专门的操作间和专职的厨师，有的是任课老师兼职来承担帮厨或主厨工作，既当教员，又当炊事员。学生尤其是小学低年级的学生餐前餐后洗手的意识还不强，存在卫生隐患。

（二）宁夏与西北地区及内蒙古的教学及辅助用房面积

由表 1 – 32 显示，2015—2016 年宁夏与全国和西北地区及内蒙古小学阶段的生均教学及辅助用房总体均有增加，宁夏均高于全国、陕西、青海和新疆，低于甘肃及内蒙古；其中，小学阶段全国由 2015 年的 3.82平方米增长到 2016 年的 3.88 平方米；宁夏由 4.12 平方米增加到 4.36 平方米；陕西由 4.02 平方米略降为 3.94 平方米；甘肃的 4.40 平方米持平；青海由 3.80 平方米增加到 3.93 平方米；新疆由 3.35 平方米增加到 3.49平方米；内蒙古由 4.30 平方米上升到 4.81 平方米。

表1-32　　　　2015—2016年宁夏与全国和西北地区及内蒙古
小学阶段部分生均指标比较

	图书（册）		教学仪器设备值（元）		校舍建筑面积（平方米）		教辅用房面积（平方米）	
	2015年	2016年	2015年	2016年	2015年	2016年	2015年	2016年
全　国	20.44	21.53	1044.29	1200.75	6.95	7.16	3.82	3.88
宁　夏	18.73	20.18	2163.66	2618.80	7.28	7.60	4.12	4.36
陕西省	29.68	31.24	1229.95	1315.27	7.75	7.73	4.02	3.94
甘肃省	20.14	20.12	1003.95	1272.58	7.62	7.82	4.40	4.40
青海省	22.11	23.37	782.06	764.67	8.27	8.76	3.80	3.93
新　疆	14.33	14.46	1125.75	1275.33	5.94	6.11	3.35	3.49
内蒙古	17.43	19.01	1394.20	1904.78	8.71	9.26	4.30	4.81

数据来源：宁夏回族自治区教育厅编：《宁夏回族自治区教育统计手册》（2016—2017年）。

由表1-33显示，2015—2016年宁夏与全国和西北地区及内蒙古初中阶段的生均教学及辅助用房总体均有增加；其中，全国由2015年的5.30平方米增长到2016年的5.45平方米；宁夏由5.40平方米增加到5.75平方米；陕西由5.46平方米增加为5.51平方米；甘肃由5.11平方米上升到5.49平方米；青海由6.02平方米增加到6.38平方米；新疆由6.37平方米增加到7.12平方米；内蒙古由6.27平方米上升到6.98平方米。

表1-33　　　　2015—2016年宁夏与全国和西北地区及内蒙古
初中阶段部分生均指标比较

	图书（册）		教学仪器设备值（元）		校舍建筑面积（平方米）		教辅用房面积（平方米）	
	2015年	2016年	2015年	2016年	2015年	2016年	2015年	2016年
全　国	32.42	34.37	1745.77	2009.66	12.77	13.36	5.30	5.45
宁　夏	27.92	30.76	3062.07	3631.33	11.43	12.11	5.40	5.75
陕西省	43.92	44.28	1849.20	2010.48	13.70	13.90	5.46	5.51
甘肃省	30.72	32.73	1521.21	1891.65	11.48	12.72	5.11	5.49
青海省	37.45	42.08	1556.32	1620.51	13.89	15.51	6.02	6.38

续表

	图书（册）		教学仪器 设备值（元）		校舍建筑面积 （平方米）		教辅用房面积 （平方米）	
	2015 年	2016 年	2015 年	2016 年	2015 年	2016 年	2015 年	2016 年
新 疆	31.91	33.62	2269.00	2689.77	13.36	14.71	6.37	7.12
内蒙古	26.80	31.08	2022.05	2905.58	14.39	15.72	6.27	6.98

数据来源：宁夏回族自治区教育厅编：《宁夏回族自治区教育统计手册》（2016—2017 年）。

（三）宁夏与西海固地区小学校教学及辅助用房面积

由表 1-34 显示，2015 年，宁夏小学阶段学校的教学及辅助用房面积为 2405284 平方米，西海固地区的小学阶段学校的教学及辅助用房面积为 564597 平方米、占全区小学阶段学校的教学及辅助用房面积的 23.47%；2016 年，宁夏小学阶段学校的教学及辅助用房面积为 2540805 平方米，西海固地区的小学阶段学校的教学及辅助用房面积为 963823 平方米、占全区该数据的 37.93%。

表 1-34　　　　　2005—2016 年宁夏西海固地区小学阶段
教学及辅助用房情况　　　　　单位：平方米

年份	2005	2006	2008	2009	2010	2011	2012	2013	2014	2015	2016
宁 夏	1775121	1799456	1845133	1897899	1915522	1943329	1980094	2181781	2322551	2405284	2540805
银川市	400066	400877	429020	435973	463983	493842	488215	534259	560156	577644	610235
固原市	456225	718972	450136	458503	461075	492901	498762	526802	556702	275116	590986
原州区	138432	233111	124766	131873	127483	128966	138076	153660	157274	187645	203030
西吉县	128648	190709	137426	137913	148387	146245	145408	159270	165295	165554	169516
隆德县	61802	96972	59346	59730	58790	71110	70747	72844	72354	54758	55311
泾源县	44231	70052	44297	44870	45225	52942	50678	54354	53723	56579	60724
彭阳县	83112	128128	84301	84117	81190	93638	93853	86674	108056	107580	102405
海原县	132598	189468	148995	146447	147420	144087	143783	160027	153135	158452	194693
同心县	101357	156282	116383	123529	122646	123777	130346	135783	133843	131029	178144

数据来源：宁夏回族自治区教育厅编：《宁夏回族自治区教育统计手册》（2006—2017 年）。2007 年此数据无统计。

由表 1-35 显示，2015 年，宁夏普通初中阶段学校的教学及辅助用房面积为 1480467 平方米，西海固地区的初中阶段教学及辅助用房面积为 423037 平方米、占全区初中阶段教学及辅助用房面积的 28.57%；2016 年，宁夏普通初中阶段学校的教学及辅助用房面积为 1170732 平方米，西海固地区的普通初中阶段教学及辅助用房面积为 301758 平方米、占全区该数据的 25.78%。

表 1-35　　　　2015—2016 年宁夏西海固地区普通
初中学校教学及辅助用房情况　　　　　　　　单位：平方米

	2015 年			2016 年		
	教学及辅助用房	行政办公用房	生活用房	教学及辅助用房	行政办公用房	生活用房
宁　夏	1480467	321696	1117489	1170732	310756	1016499
银川市	362578	84565	183444	537433	137331	389141
固原市	268620	57102	352914	234273	37506	213225
原州区	89540	17372	80916	104149	10428	86946
西吉县	70740	13712	103296	60173	12259	50816
隆德县	20828	6550	54039	25457	3210	32711
泾源县	19498	6245	24182	19149	3633	13026
彭阳县	68014	13223	90481	25345	7976	29726
海原县	77047	13622	93568	42848	13058	48152
同心县	77370	15364	88622	26437	10773	41725

数据来源：宁夏回族自治区教育厅编：《宁夏回族自治区教育统计手册》（2016—2017 年）。2005—2014 年无此数据统计。

第 二 章

西海固地区农村基础教育
阶段教师受教育程度实证分析

优秀的、高水平的农村基础教育师资队伍，是保证提高农村、特别是能提高贫困地区农村青少年接受良好基础教育和文化素养，以及改变农村群众对农村基础教育取向认知的有效途径。我国目前的经济欠发达地区，尤其是西北地区的农村，由于受历史、经济、文化、地理等多元因素的影响，农村基础教育的水平远远落后于沿海和东部发达地区。

经过调研和数据分析发现，近年来，在宁夏西海固地区农村基础教育阶段，拥有高学历和高级职称的中小学教师占比虽有好转，但与城市的学校相比依然偏低；研究生和本科生学历的高级教师比例虽然在逐年提升，但是还有一部分中、低水平学历的教师在岗，提高西海固地区农村基础教育阶段教师队伍文化程度的问题亟待解决。

本章以西海固地区中小学教师的相关统计数据为依据，将宁夏西海固地区农村基础教育阶段师资的受教育程度与职称的分布作为参照指标，分析该地区农村基础教育阶段师资队伍的结构对农村群众选取基础教育取向的影响因素，为解决该地区农村基础教育教师低学历问题和提出建设性建议做准备。

第一节　宁夏与西海固地区专兼任教师现状

从专任教师情况来看，由表 2 - 1 显示，2005 年，宁夏小学校的专任教师为 33760 人，西海固地区小学校的专任教师为 13941 人、占全区小学校专任教师的 41.29%；2016 年，宁夏小学校的专任教师为 34116 人，西海固地区小学校的专任教师为 12927 人、占全区小学校的专任教师的 37.89%，是银川市小学专任教师 8581 人的 1.51 倍。

表 2-1　　　　2011—2016 年宁夏西海固地区小学专任教师情况　　　单位：人

年份	2005	2006	2008	2009	2010	2011	2012	2013	2014	2015	2016
宁夏	33760	33108	32829	33406	33212	33295	34385	34113	33357	33777	34116
银川市	6856	6873	6937	7204	7236	7356	7737	7820	8049	8280	8581
固原市	9743	9624	888	9074	8993	8886	9164	9070	8416	8409	8224
原州市	3269	3295	2706	2725	2656	2591	2604	2561	2430	2529	2592
西吉县	2639	2595	2616	273 1	2710	2717	2762	2820	2703	2610	2453
隆德县	1355	1357	1264	1276	1298	1265	1357	1276	1054	1044	1011
泾源县	778	767	769	773	768	742	825	805	693	652	649
彭阳县	1702	1610	1534	1569	1561	1571	1616	1608	1536	1574	1519
海原县	2246	2187	2403	2475	2517	2617	2622	2688	2570	2571	2594
同心县	1952	1936	2026	2055	2048	2019	2202	2146	1994	2013	2109

数据来源：《宁夏回族自治区教育统计手册》（2012—2017 年）。2007 年此数据无统计。

农村基础教育阶段的学校尤其是偏远的西海固地区的中小学校，因缺少相应专业毕业的教师任教，人人都是课堂教学"多面手"，除讲授主课外还兼职教授音、体、美、计算机等课程，教学任务繁重；有的农村学校几乎没有高级教师和具有一级以上职称的教师；市县镇学校中小学的高学历教师比例高于乡村学校；有的学校教师严重高龄化，教师年龄结构出现断层。农村教师与城镇教师的福利待遇和参加教育培训等方面的机会不均等。

由表 2-2 显示，2005 年，宁夏普通初中学校的专任教师为 15335 人，西海固地区普通初中学校的专任教师为 4813 人、占全区普通初中学校专任教师的 31.39%；2016 年，宁夏普通初中学校的专任教师为 19740 人，西海固地区普通初中学校的专任教师为 7089 人、占全区普通初中学校的专任教师的 35.91%，是银川市 5061 人的 1.40 倍。

表2－2　2005—2016年宁夏西海固地区普通初中专任教师情况

单位：人

年份	2005	2006	2007	2008	2009	2010	2011	2012	2013	2014	2015	2016
宁夏	15335	15802	16243	16518	18255	18623	18846	19383	19395	19080	19369	19740
银川市	4011	4001	—	4089	4202	4250	4328	4538	4609	4806	4995	5061
固原市	3650	3757	—	3914	4728	4820	4705	4769	4793	4621	4583	4609
原州区	1240	1194	—	1121	1491	1543	1391	1426	1477	1436	1452	1504
西吉县	1043	1138	—	1363	1490	1559	1635	1690	1733	1666	1635	1631
隆德县	558	585	—	583	663	669	641	605	522	504	492	476
泾源县	219	266	—	283	373	355	340	347	328	335	340	323
彭阳县	590	574	—	564	711	694	698	701	733	680	664	675
海原县	666	739	—	963	1128	1168	1177	1199	1290	1217	1293	1366
同心县	497	673	—	649	937	1000	1035	1059	1047	1043	1060	1114

数据来源：宁夏回族自治区教育厅编：《宁夏回族自治区教育统计手册》(2006—2017年)。2007年数据见《宁夏教育事业统计快报2007—2008学年初》。

从兼任教师情况来看,由表2-3显示,2005年,宁夏小学校的兼任教师324人,其中,城区为0,镇区28人,乡村296人;2016年,宁夏小学校的兼任教师115人,其中,城区3人,镇区19人,乡村93人。

表2-3 **2005—2016年宁夏小学兼任教师情况** 单位:人

年份	2005	2006	2008	2009	2010	2011	2012	2013	2014	2015	2016
合计	324	441	443	303	324	172	243	271	147	142	115
城区	0	31	8	2	0	1	8	1	0	5	3
镇区	28	56	37	48	38	31	59	144	72	49	19
乡村	296	354	398	253	286	140	176	126	75	88	93

数据来源:宁夏回族自治区教育厅编:《宁夏回族自治区教育统计手册》(2006—2017年)。2007年此数据无统计。

由表2-4显示,宁夏普通初中学校的兼任教师122人,其中,城区45人,镇区34人,乡村43人;2016年,宁夏普通初中学校的兼任教师154人,其中,城区80人,镇区65人,乡村9人。

表2-4 **2005—2016年宁夏普通中学兼任教师情况** 单位:人

年份	2005	2006	2008	2009	2010	2011	2012	2013	2014	2015	2016
合计	122	213	116	106	103	89	135	86	98	95	154
城区	45	117	31	31	41	18	8	9	17	5	80
镇区	34	41	52	62	48	47	44	44	51	84	65
乡村	43	55	33	13	14	24	83	33	30	6	9

数据来源:宁夏回族自治区教育厅编:《宁夏回族自治区教育统计手册》(2006—2017年)。2007年此数据无统计。

从代课教师情况来看,由表2-5显示,2005年,宁夏小学校代课教师1460人,其中,城区96人,镇区52人,乡村1312人;2016年,宁夏小学校代课教师1237人,其中,城区272人,镇区297人,乡村668人。

表 2 - 5　　　　　　　　　　2005—2016 年宁夏小学代课教师情况　　　　　　　单位：人

年份	2005	2006	2008	2009	2010	2011	2012	2013	2014	2015	2016
合计	1460	1738	1952	1697	1497	1569	1603	1395	1603	1477	1237
城区	96	155	290	223	225	328	202	229	354	292	272
镇区	52	89	165	140	192	218	380	406	303	341	297
乡村	1312	1494	1497	1334	1080	1023	1021	760	946	844	668

数据来源：宁夏回族自治区教育厅编：《宁夏回族自治区教育统计手册》（2006—2017 年）。2007 年此数据无统计。

由表 2 - 6 显示，2005 年，宁夏普通初中学校的代课教师 967 人，其中，城区 290 人，镇区 196 人，乡村 481 人；2016 年，宁夏普通初中学校的代课教师 419 人，其中，城区 294 人，镇区 86 人，乡村 39 人。

表 2 - 6　　　　　　　　　2005—2016 年宁夏普通中学代课教师情况　　　　　　　单位：人

年份	2005	2006	2008	2009	2010	2011	2012	2013	2014	2015	2016
合计	967	1091	1785	1291	1090	545	885	595	523	591	419
城区	290	405	984	961	950	335	706	279	248	297	294
镇区	196	104	291	166	80	119	95	224	237	250	86
乡村	481	582	510	164	60	91	85	92	38	44	39

数据来源：宁夏回族自治区教育厅编：《宁夏回族自治区教育统计手册》（2006—2017 年）。2007 年此数据无统计。

第二节　西海固地区专任教师学历及职称现状

从研究生学历专任教师来看，由表 2 - 7 显示，2005 年，宁夏小学校研究生学历教师仅 3 人，并且这 3 名教师均在银川市的小学任教；2016 年，宁夏小学校研究生学历教师 101 人，西海固地区小学校的研究生学历教师仅 8 人，占宁夏小学教师研究生学历 101 人的 7.9%，仅占宁夏小学专任教师 12927 人的 0.06%；银川市有 73 人，是西海固地区的 9.13 倍。

表 2 - 7 2005—2016 年宁夏西海固地区
小学专任教师研究生学历情况 单位：人

年份	2005	2006	2008	2009	2010	2011	2012	2013	2014	2015	2016
宁 夏	3	1	5	11	13	28	38	58	81	80	101
银川市	3	1	3	8	8	16	28	41	55	54	73
固原市	0	0	0	1	2	5	3	5	10	5	5
原州区	0	0	0	1	2	5	2	4	2	1	3
西吉县	0	0	0	0	0	0	1	1	0	0	0
隆德县	0	0	0	0	0	0	0	0	7	2	1
泾源县	0	0	0	0	0	0	0	0	0	0	0
彭阳县	0	0	0	0	0	0	0	0	1	2	1
海原县	0	0	1	0	0	0	1	0	1	2	2
同心县	0	0	1	1	1	1	1	1	1	1	1

数据来源：宁夏回族自治区教育厅编：《宁夏回族自治区教育统计手册》（2006—2017 年）。2007 年此数据无统计。

由表 2 - 8 显示，2005 年，宁夏普通初中学校专任教师中的研究生学历教师 22 人，西海固地区普通初中学校的研究生学历教师仅 2 人；2016 年，宁夏普通初中学校的研究生学历教师 347 人，西海固地区普通初中学校的研究生学历教师仅 54 人，占宁夏普通中学教师研究生学历 347 人的 15.56%，占宁夏普通中学专任教师 19740 人的 0.27%。其中原州区 29 人，泾源县为 0。银川市有 230 人，是西海固地区的 4.26 倍。

表 2 - 8 2005—2016 年宁夏西海固地区普通
初中专任教师研究生学历情况 单位：人

年份	2005	2006	2008	2009	2010	2011	2012	2013	2014	2015	2016
宁 夏	22	24	64	96	112	153	154	193	230	283	347
银川市	15	20	41	65	79	104	105	150	179	211	230
固原市	1	1	4	6	4	8	16	11	13	15	41
原州区	1	1	3	2	2	6	6	5	4	7	29

续表

年份	2005	2006	2008	2009	2010	2011	2012	2013	2014	2015	2016
西吉县	0	0	0	1	1	1	7	5	6	4	7
隆德县	0	0	0	1	1	1	2	1	2	2	2
泾源县	0	0	1	1	0	0	0	0	0	0	0
彭阳县	0	0	0	1	0	1	0	1	0	2	3
海原县	0	0	1	1	2	1	2	1	2	3	7
同心县	1	1	1	2	2	2	2	4	5	5	6

数据来源：宁夏回族自治区教育厅编：《宁夏回族自治区教育统计手册》（2006—2017 年）。2007 年此数据无统计。

从本科学历专任教师来看，由表 2 - 9 显示，2005 年，宁夏小学校本科学历教师 3588 人，西海固地区小学校的本科学历教师为 778 人、占宁夏小学校的本科学历教师比例的 21.68％；2016 年，宁夏小学校本科学历教师为 18468 人，西海固地区小学校的本科学历教师 5488 人、占宁夏小学校的本科学历教师比例的 29.72％，达到宁夏小学专任教师 12927 人的 42.45％；银川市有 6019 人，是西海固地区的 1.10 倍。

表 2 - 9　　2005—2016 年宁夏西海固地区小学专任教师本科学历情况　　单位：人

年份	2005	2006	2008	2009	2010	2011	2012	2013	2014	2015	2016
宁　夏	3588	4769	6474	7530	8161	9022	10808	12920	14848	16626	18468
银川市	1282	1690	2344	2744	2994	3290	3816	4432	5026	5447	6019
固原市	538	803	1011	1239	1371	1604	1995	2266	2644	3055	3545
原州区	260	413	433	496	511	570	618	752	871	1043	1163
西吉县	61	120	195	258	303	403	562	612	712	782	896
隆德县	42	50	120	161	184	192	288	333	391	478	527
泾源县	5	4	8	12	33	50	81	79	105	118	265
彭阳县	170	216	255	312	340	389	446	490	565	634	694
海原县	41	48	172	228	297	349	592	632	691	950	1059
同心县	199	256	326	360	374	398	470	648	652	748	884

数据来源：宁夏回族自治区教育厅编：《宁夏回族自治区教育统计手册》（2006—2017 年）。2007 年此数据无统计。

由表 2 - 10 显示，2005 年，宁夏普通初中学校本科学历教师 8798 人，西海固地区普通初中学校的本科学历教师 1965 人、占宁夏普通初中学校的本科学历教师比例的 22.33%；2016 年，宁夏普通初中学校本科学历教师 17731 人，西海固地区普通初中学校的本科学历教师 6725 人，占宁夏普通中学教师本科学历 17731 人的 37.93%，占宁夏普通中学专任教师 19740 人的 34.07%；西海固地区本科学历普通中学教师比银川市的 4600 人多 2125 人，是银川市的 1.46 倍。

表 2 - 10　　　　2005—2016 年宁夏西海固地区普通初中
专任教师本科学历情况　　　　　单位：人

年份	2005	2006	2008	2009	2010	2011	2012	2013	2014	2015	2016
宁　夏	8798	10230	11664	13891	14623	15081	15947	16369	16576	17140	17731
银川市	2862	3091	3281	3497	3614	3750	4006	4105	4296	4513	4600
固原市	1495	1800	2287	3206	3425	3487	3670	3798	3801	3851	3986
原州区	604	638	666	1050	1137	1018	1087	1149	1163	1227	1272
西吉县	350	493	799	979	1070	1190	1283	1355	1318	1329	1396
隆德县	186	222	298	404	452	475	476	436	443	426	432
泾源县	67	99	137	226	233	234	237	241	266	256	263
彭阳县	288	348	387	547	533	570	587	617	611	613	623
海原县	204	329	516	796	836	844	862	932	954	1044	1175
同心县	266	379	372	671	746	764	798	813	840	887	950

数据来源：宁夏回族自治区教育厅编：《宁夏回族自治区教育统计手册》（2006—2017 年）。2007 年此数据无统计。

从专科学历专任教师来看，由表 2 - 11 显示，2005 年，宁夏小学校专科学历教师 16593 人，西海固地区小学校的专科学历教师 5821 人、占宁夏小学校的专科学历教师比例的 35.08%；2016 年，宁夏小学校专科学历教师 13908 人，西海固地区小学校的专科学历教师 6305 人、占宁夏小学校的专科学历教师比例的 45.33%，占宁夏小学教师专科学历 13908 人的 45.33%，是宁夏小学专任教师 12927 人的 48.77%；该地区专科学历小学教师是银川市 2327 人的 2.71 倍。

表 2 - 11   2005—2016 年宁夏西海固地区小学

专任教师专科学历情况   单位：人

年份	2005	2006	2008	2009	2010	2011	2012	2013	2014	2015	2016
宁　夏	16593	16804	16765	17107	17234	17252	17417	16653	15681	14871	13908
银川市	3721	3637	3342	3298	3294	3226	3205	2890	2628	2529	2327
固原市	3757	4131	4173	4327	4424	4373	4517	4553	4388	4278	3866
原州区	1262	1415	1268	1294	1316	1256	1302	1254	1210	1220	1198
西吉县	995	1101	1302	1404	1440	1441	1412	1505	1450	1417	1273
隆德县	477	520	476	481	507	497	536	522	459	405	377
泾源县	304	331	382	416	409	401	288	490	456	420	280
彭阳县	719	764	745	732	752	778	779	782	813	816	738
海原县	997	1095	1368	1520	1512	1664	1669	1597	1584	1359	1317
同心县	1067	1037	1102	1167	1170	1143	1291	1210	1192	1135	1122

数据来源：宁夏回族自治区教育厅编：《宁夏回族自治区教育统计手册》（2006—2017 年）。2007 年此数据无统计。

由表 2 - 12 显示，2005 年，宁夏普通初中学校专科学历教师 6065 人，西海固地区普通初中学校的专科学历教师 2555 人、占宁夏普通初中学校的专科学历教师比例的 42.13%；2016 年，宁夏普通初中学校专科学历教师 1642 人，西海固地区普通初中学校的专科学历教师 912 人，占宁夏普通中学教师专科学历 1642 人的 55.54%，占宁夏普通中学专任教师 19740 人的 4.62%；该地区普通中学专科教师比银川市的 230 人多 682 人，是银川市的 3.97 倍。

表 2 - 12   2005—2016 年宁夏西海固地区普通

初中专任教师专科学历情况   单位：人

年份	2005	2006	2008	2009	2010	2011	2012	2013	2014	2015	2016
宁　夏	6065	5234	4438	4081	3736	3481	3174	2746	2219	1907	1642
银川市	1082	847	733	618	539	451	410	350	327	267	230
固原市	1923	1793	1484	1421	1322	1156	1029	942	776	701	576
原州区	555	504	408	422	391	353	324	319	264	216	203
西吉县	632	598	533	476	458	420	369	346	322	291	222

续表

年份	2005	2006	2008	2009	2010	2011	2012	2013	2014	2015	2016
隆德县	327	320	245	225	198	155	117	78	54	61	42
泾源县	136	154	131	144	119	103	107	83	68	84	60
彭阳县	273	217	167	154	156	125	112	116	68	49	49
海原县	419	400	379	313	315	321	323	341	257	244422	184
同心县	213	282	264	256	245	111	250	219	189	161	152

数据来源：宁夏回族自治区教育厅编：《宁夏回族自治区教育统计手册》（2006—2017 年）。2007 年此数据无统计。

从高中毕业学历专任教师来看，由表 2 – 13 显示，2005 年，宁夏小学校的高中毕业学历教师 13047 人，西海固地区小学校的高中毕业学历教师 6962 人、占宁夏小学校的高中毕业学历教师比例的 53.36%；2016 年，宁夏小学校的高中毕业学历教师 1631 人，西海固地区小学校的高中毕业学历教师 1120 人，占宁夏小学教师高中毕业学历 1631 人的 68.67%，占宁夏小学专任教师 12927 人的 8.66%；西海固地区高中毕业学历小学教师是银川市 162 人的 6.91 倍。

表 2 – 13　　　　　　　2005—2016 年宁夏西海固地区
小学专任教师高中毕业学历情况　　　　单位：人

年份	2005	2006	2008	2009	2010	2011	2012	2013	2014	2015	2016
宁　夏	13047	11156	9349	8567	7621	6916	6058	4414	2700	2180	1631
银川市	1822	1505	1241	1146	934	820	687	449	329	249	162
固原市	5161	4465	3559	3382	3099	2858	2614	2205	1345	1064	802
原州区	1658	1406	964	908	808	748	677	545	340	265	224
西吉县	1491	1290	1066	1025	929	860	775	688	526	406	282
隆德县	803	756	647	608	594	567	527	413	195	157	106
泾源县	444	417	373	339	322	289	250	234	132	114	104
彭阳县	765	596	509	502	446	394	385	325	152	122	86
海原县	1128	1018	832	709	686	600	295	449	293	254	216
同心县	673	635	585	522	482	472	436	286	148	127	102

数据来源：宁夏回族自治区教育厅编：《宁夏回族自治区教育统计手册》（2006—2017 年）。2007 年此数据无统计。

由表 2 - 14 显示，2005 年，宁夏普通初中学校的高中毕业学历教师 441 人，西海固地区普通初中学校的高中毕业学历教师 286 人、占宁夏普通初中学校的高中毕业学历教师比例的 64.85%；2016 年，宁夏普通初中学校的高中毕业学历教师 19 人，西海固地区普通初中学校的高中毕业学历教师 12 人、占宁夏普通初中学校的高中毕业学历教师比例的 63.16%。高中毕业学历的普通中学教师有 6 人，占宁夏普通中学教师高中毕业学历 19 人的 31.58%，仅占宁夏普通中学专任教师 19740 人的 0.03%；银川市普通中学的高中毕业学历教师仅有 1 人。

表 2 - 14　　　　　2005—2016 年宁夏西海固地区
普通初中专任教师高中毕业学历情况

年份	2005	2006	2008	2009	2010	2011	2012	2013	2014	2015	2016
宁　夏	441	312	341	185	152	129	104	85	52	37	19
银川市	51	43	34	22	18	22	17	4	4	4	1
固原市	227	163	131	94	69	53	52	41	31	15	6
原州区	78	51	40	17	13	14	9	4	5	2	0
西吉县	61	47	30	33	30	24	31	27	20	11	6
隆德县	44	43	39	33	18	10	8	6	5	2	0
泾源县	16	13	14	2	3	3	4	3	1	0	0
彭阳县	28	9	8	9	5	2	1	0	0	0	0
海原县	43	10	67	18	15	11	10	16	3	2	0
同心县	16	11	12	8	7	7	9	10	8	7	6

数据来源：宁夏回族自治区教育厅编：《宁夏回族自治区教育统计手册》（2006—2017 年）。2007 年此数据无统计。

从高中毕业以下学历专任教师来看，由表 2 - 15 显示，2005 年，宁夏小学校的高中毕业以下学历教师 529 人，西海固地区小学校的高中毕业以下学历教师 380 人、占宁夏小学校的高中毕业以下学历教师比例的 71.83%；2016 年，宁夏小学校的高中毕业以下学历教师 8 人，西海固地区小学校的高中毕业以下学历教师 6 人、占宁夏小学校的高中毕业以下学历教师比例的 75.00%。

表 2 – 15　　　　　　　　　**2005—2016 年宁夏西海固地区**

小学专任教师高中毕业以下学历情况　　　　单位：人

年份	2005	2006	2008	2009	2010	2011	2012	2013	2014	2015	2016
宁　夏	529	378	236	191	183	77	64	68	47	20	8
银川市	28	40	7	8	6	4	1	8	11	1	0
固原市	287	225	146	125	97	46	35	41	29	7	6
原州区	89	61	41	26	19	12	5	6	7	0	4
西吉县	92	84	53	44	38	13	12	14	15	5	2
隆德县	33	31	21	26	13	9	6	8	2	2	0
泾源县	25	15	6	6	4	2	6	2	0	0	0
彭阳县	48	34	25	23	23	10	6	11	5	0	0
海原县	80	26	30	18	22	4	0	10	1	6	0
同心县	13	8	12	4	21	5	4	1	1	2	0

数据来源：宁夏回族自治区教育厅编：《宁夏回族自治区教育统计手册》（2006—2017 年）。2007 年此数据无统计。

由表 2 – 16 显示，2005 年，宁夏普通初中学校的高中毕业以下学历教师 9 人，西海固地区普通初中学校的高中毕业以下学历教师 5 人、占宁夏普通初中学校的高中毕业以下学历教师比例的 55.56%；2016 年，宁夏普通初中学校的高中毕业以下学历教师还有 2 人，西海固地区普通初中学校的高中毕业以下学历教师就占 1 人、占宁夏普通初中学校的高中毕业以下学历教师比例的 50.00%。

表 2 – 16　　　　　　　　　**2005—2016 年宁夏西海固地区**

普通初中专任教师高中毕业以下学历情况　　　　单位：人

年份	2005	2006	2008	2009	2010	2011	2012	2013	2014	2015	2016
宁　夏	9	2	11	2	0	2	4	2	3	2	2
银川市	1	0	0	0	0	1	0	0	0	0	1
固原市	4	0	8	1	0	1	2	1	0	1	1
原州区	2	0	4	0	0	0	0	0	0	0	0
西吉县	0	0	1	1	0	0	0	0	0	0	0

续表

年份	2005	2006	2008	2009	2010	2011	2012	2013	2014	2015	2016
隆德县	1	0	1	0	0	0	2	1	0	1	0
泾源县	0	0	0	0	0	0	0	0	0	0	0
彭阳县	1	0	2	0	0	1	0	0	0	0	0
海原县	0	0	0	0	0	0	2	0	1	0	0
同心县	1	0	0	0	0	0	0	1	1	0	0

数据来源：宁夏回族自治区教育厅编：《宁夏回族自治区教育统计手册》（2006—2017 年）。2007 年此数据无统计。

从高级职称教师来看，由表 2 - 17 显示，2005 年，宁夏小学校的中学高级职称教师为 236 人，西海固地区小学校的中学高级职称教师有 57 人、占宁夏小学校的中学高级职称教师比例的 24.15%；2016 年，宁夏小学校的中学高级职称教师有 1045 人，西海固地区小学校的中学高级职称教师有 372 人、占宁夏小学校的中学高级职称教师比例的 35.60%。

表 2 - 17　2005—2016 年宁夏西海固地区小学教师中学高级职称情况　　单位：人

年份	2005	2006	2008	2009	2010	2011	2012	2013	2014	2015	2016
宁　夏	236	188	139	119	251	421	360	467	525	690	1045
银川市	86	66	61	43	78	85	88	105	150	215	257
固原市	42	31	19	14	43	43	94	124	77	80	264
原州区	8	7	0	1	7	11	27	14	19	20	155
西吉县	9	9	10	6	14	16	17	31	20	23	38
隆德县	0	0	0	0	4	2	19	34	11	18	44
泾源县	2	1	0	0	4	3	2	9	4	1	4
彭阳县	23	14	9	7	14	11	29	36	23	18	23
海原县	9	12	4	8	12	27	24	18	25	28	60
同心县	6	5	1	0	5	97	11	19	28	32	48

数据来源：宁夏回族自治区教育厅编：《宁夏回族自治区教育统计手册》（2006—2017 年）。2007 年此数据无统计。

由表 2 - 18 显示，2005 年，宁夏小学校的小学高级职称教师有 17669

人，西海固地区小学校的小学高级职称教师有 6857 人、占宁夏小学校的小学高级职称教师比例的 38.81%；2016 年，宁夏小学校的小学高级职称教师有 13656 人，西海固地区小学校的小学高级职称教师有 5347 人、占宁夏小学校的小学高级职称教师比例的 39.15%。

由表 2-19 显示，2005 年，宁夏普通初中学校的中学高级职称教师有 2086 人，西海固地区普通初中学校的中学高级职称教师有 420 人、占宁夏普通初中学校的中学高级职称教师比例的 20.13%；2016 年，宁夏普通初中学校的中学高级职称教师有 3411 人，西海固地区普通初中学校的中学高级职称教师有 848 人、占宁夏普通初中学校的中学高级职称教师比例的 24.86%。

表 2-18　　2005—2016 年宁夏西海固地区小学教师小学高级职称情况　　单位：人

年份	2005	2006	2008	2009	2010	2011	2012	2013	2014	2015	2016
宁　夏	17669	17097	15401	14797	17227	16961	16378	14702	13042	13158	13656
银川市	3747	3621	3185	2971	3855	3879	3761	3431	3344	3168	3201
固原市	4725	4371	4120	3870	4530	4366	4160	3644	3052	3041	3329
原州区	1584	1464	1438	1258	1504	1463	1381	1144	1072	1180	1302
西吉县	1252	1149	1012	974	1172	1143	1068	1064	895	861	798
隆德县	738	698	680	659	724	689	662	485	343	335	365
泾源县	410	398	348	325	404	372	364	333	246	193	277
彭阳县	741	662	642	654	726	699	685	618	496	472	587
海原县	1079	1018	818	805	1043	1047	1008	965	862	917	1002
同心县	1053	1080	920	934	1040	946	1139	1018	887	989	1016

数据来源：宁夏回族自治区教育厅编：《宁夏回族自治区教育统计手册》（2006—2017 年）。2007 年此数据无统计。

表 2-19　　　　　　2005—2016 年宁夏西海固地区普通
中学专任教师中学高级职称情况　　单位：人

年份	2005	2006	2008	2009	2010	2011	2012	2013	2014	2015	2016
宁　夏	2086	2361	2904	3166	3151	3315	3416	3327	3076	3152	3411
银川市	690	783	970	955	984	982	1048	1031	1035	1033	1052

续表

年份	2005	2006	2008	2009	2010	2011	2012	2013	2014	2015	2016
固原市	304	310	444	536	537	524	538	528	445	466	568
原州区	143	142	202	250	257	236	234	256	207	219	281
西吉县	78	88	123	151	150	162	160	149	153	161	175
隆德县	26	27	33	38	35	35	32	22	23	22	31
泾源县	21	25	40	38	34	33	40	36	26	31	35
彭阳县	36	28	46	59	61	58	72	65	36	33	46
海原县	39	53	46	60	64	73	81	97	91	104	121
同心县	77	96	116	118	129	131	140	140	124	125	159

数据来源：宁夏回族自治区教育厅编：《宁夏回族自治区教育统计手册》（2006—2017 年）。2007 年此数据无统计。

从一级职称教师来看，由表 2—20 显示，2005 年，宁夏小学校的小学一级职称教师有 13059 人，西海固地区小学校的小学一级职称教师有 5779 人、占宁夏小学校的小学一级职称教师比例的 44.25%；2016 年，宁夏小学校的小学一级职称教师有 11497 人，西海固地区小学校的小学一级职称教师有 4904 人、占宁夏小学校的小学一级职称教师比例的 42.65%。

表 2 – 20　　2005—2016 年宁夏西海固地区小学教师小学一级职称情况　　单位：人

年份	2005	2006	2008	2009	2010	2011	2012	2013	2014	2015	2016
宁　夏	13059	13761	14088	14145	12828	12541	12464	11939	11787	11834	11497
银川市	2528	2666	2810	2845	2351	2361	2496	2540	2639	2829	3009
固原市	3806	4057	4446	4424	3902	3905	3862	3743	3660	3794	3379
原州区	1068	1180	1577	1659	1055	1005	968	1010	973	1004	837
西吉县	1180	1181	1114	1011	1285	1375	1412	1381	1367	1386	1292
隆德县	468	502	575	517	473	452	439	371	377	383	360
泾源县	340	367	333	326	335	312	296	304	259	296	250
彭阳县	750	827	847	911	754	761	747	677	684	725	640
海原县	1105	1193	1052	997	1125	1167	1188	1172	1093	1004	914
同心县	868	868	789	803	859	838	813	725	668	603	611

数据来源：宁夏回族自治区教育厅编：《宁夏回族自治区教育统计手册》（2006—2017 年）。2007 年此数据无统计。

由表 2 - 21 显示，2005 年，宁夏普通初中学校的中学一级职称教师有 5891 人，西海固地区普通初中学校的中学一级职称教师有 1736 人、占宁夏普通初中学校的中学一级职称教师比例的 29.47%；2016 年，宁夏普通初中学校的中学一级职称教师有 6481 人，西海固地区普通初中学校的中学一级职称教师有 1997 人、占宁夏普通初中学校的中学一级职称教师比例的 30.81%。

表 2 - 21　　　　　　　　2005—2016 年宁夏西海固地区
普通中学专任教师中学一级职称情况　　　　　　　单位：人

年份	2005	2006	2008	2009	2010	2011	2012	2013	2014	2015	2016
宁 夏	5891	6062	6510	6686	6720	6554	6415	6187	6094	6313	6481
银川市	1564	1636	1693	1736	1825	1811	1760	1711	1756	1847	1890
固原市	1347	1397	1445	1479	1463	1371	1284	1237	1190	1197	1253
原州区	552	525	504	497	502	450	433	430	428	404	434
西吉县	330	372	410	432	429	428	404	389	392	414	456
隆德县	217	226	223	238	220	201	177	137	124	119	112
泾源县	78	102	127	121	112	99	97	94	89	80	58
彭阳县	170	172	181	191	200	193	173	187	157	180	193
海原县	225	230	267	288	305	304	304	304	291	339	363
同心县	164	170	218	240	243	262	275	285	317	346	381

数据来源：宁夏回族自治区教育厅编：《宁夏回族自治区教育统计手册》（2006—2017 年）。2007 年此数据无统计。

从二级职称教师来看，由表 2 - 22 显示，2005 年，宁夏小学校的小学二级职称教师有 611 人，西海固地区小学校的小学二级职称教师有 253 人、占宁夏小学校的小学二级职称教师比例的 41.41%；2016 年，宁夏小学校的小学二级职称教师有 2100 人，西海固地区小学校的小学二级职称教师有 534 人、占宁夏小学校的小学二级职称教师比例的 25.43%。

表 2 - 22　　2005—2016 年宁夏西海固地区小学教师小学二级职称情况　　单位：人

年份	2005	2006	2008	2009	2010	2011	2012	2013	2014	2015	2016
宁　夏	611	884	2192	3204	466	417	607	1096	1446	1636	2100
银川市	251	327	564	689	186	176	307	371	502	627	647
固原市	160	368	747	1087	115	76	68	392	339	299	272
原州区	13	46	225	267	8	13	33	109	94	55	55
西吉县	88	164	381	498	53	19	17	30	148	138	98
隆德县	35	37	43	138	28	14	5	161	55	57	56
泾源县	2	2	19	62	2	5	3	11	17	40	30
彭阳县	22	19	79	122	24	25	10	81	25	9	33
海原县	50	93	260	392	47	68	44	86	129	105	209
同心县	43	55	183	188	39	34	16	31	63	61	53

数据来源：宁夏回族自治区教育厅编：《宁夏回族自治区教育统计手册》（2006—2017 年）。2007 年此数据无统计。

由表 2 - 23 显示，2005 年，宁夏普通初中学校的中学二级职称教师有 5372 人，西海固地区普通初中学校的中学二级职称教师有 1926 人、占宁夏普通初中学校的中学二级职称教师比例的 35.86%；2016 年，宁夏普通初中学校的中学二级职称教师有 7784 人，西海固地区普通初中学校的中学二级职称教师有 3604 人、占宁夏普通初中学校的中学二级职称教师比例的 46.30%。

表 2 - 23　　　　　　　2005—2016 年宁夏西海固地区普通
中学专任教师中学二级职称情况　　单位：人

年份	2005	2006	2008	2009	2010	2011	2012	2013	2014	2015	2016
宁　夏	5372	5251	5231	5567	5637	5768	6349	6726	7202	7556	7784
银川市	1324	1259	1171	1203	1076	1088	1237	1285	1503	1594	1649
固原市	1443	1434	1447	1755	1905	1975	2216	2348	2417	2498	2493
原州区	426	384	360	518	526	537	612	650	664	736	664
西吉县	438	460	537	623	725	785	914	981	978	968	908
隆德县	178	223	203	205	223	225	243	250	244	251	276

续表

年份	2005	2006	2008	2009	2010	2011	2012	2013	2014	2015	2016
泾源县	97	83	80	75	82	92	96	88	103	138	211
彭阳县	304	284	267	334	349	336	351	379	428	405	434
海原县	288	315	410	393	459	555	602	617	578	616	685
同心县	195	218	205	295	323	302	381	396	466	445	426

数据来源：宁夏回族自治区教育厅编：《宁夏回族自治区教育统计手册》（2006—2017 年）。2007 年此数据无统计。

　　从三级职称教师来看，由表 2 - 24 显示，2005 年，宁夏小学校的小学三级职称教师有 30 人，西海固地区小学校的小学三级职称教师有 16 人、占宁夏小学校的小学三级职称教师比例的 53.33%；2016 年，宁夏小学校的小学三级职称教师有 30 人，西海固地区小学校的小学三级职称教师有 4 人、占宁夏小学校的小学三级职称教师比例的 13.33%。

表 2 - 24　2005—2016 年宁夏西海固地区小学教师小学三级职称情况　　单位：人

年份	2005	2006	2008	2009	2010	2011	2012	2013	2014	2015	2016
宁　夏	30	26	63	68	32	33	40	112	111	109	30
银川市	4	0	7	4	0	8	9	42	46	17	21
固原市	1	5	20	15	8	12	1	7	37	36	4
原州区	1	4	4	8	2	3	0	1	10	1	0
西吉县	0	0	1	7	2	0	0	3	0	3	0
隆德县	0	1	0	0	1	0	0	0	27	28	0
泾源县	0	0	14	0	0	3	0	1	0	2	4
彭阳县	0	0	1	0	0	0	0	2	0	0	0
海原县	5	5	7	8	4	5	6	25	12	24	0
同心县	10	0	5	1	15	0	5	1	0	0	0

数据来源：宁夏回族自治区教育厅编：《宁夏回族自治区教育统计手册》（2006—2017 年）。2007 年此数据无统计。

　　由表 2 - 25 显示，2005 年，宁夏普通初中学校的中学三级职称教师有 858 人，西海固地区普通初中学校的中学三级职称教师有 265 人、占宁夏普通初中学校的中学三级职称教师比例的30.89%；2016年，宁夏普通初中学校的中学三级职称教师有59人，西海固地区普通初中学校的中学三级职称教师有6人、占宁夏普通初中学校的中学三级职称教师比例的10.17%。

表2-25 2005—2016年宁夏西海固地区

普通中学专任教师中学三级职称情况 单位：人

年份	2005	2006	2008	2009	2010	2011	2012	2013	2014	2015	2016
宁 夏	858	583	398	307	404	290	229	216	218	162	59
银川市	161	119	64	34	33	28	11	6	6	22	11
固原市	258	201	131	102	118	109	39	40	36	12	0
原州区	102	80	38	18	59	11	13	0	2	1	0
西吉县	7	11	0	20	0	0	2	18	2	5	0
隆德县	80	53	37	29	29	53	15	1	7	2	0
泾源县	16	5	18	16	10	32	2	17	24	4	0
彭阳县	53	52	38	19	20	13	7	4	1	0	0
海原县	110	30	21	52	46	43	42	45	81	25	0
同心县	53	42	40	27	102	46	63	46	37	11	6

数据来源：宁夏回族自治区教育厅编：《宁夏回族自治区教育统计手册》（2006—2017年）。2007年此数据无统计。

从未评职称教师来看，由表2-26显示，2005年，宁夏小学校的小学未评职称教师有1801人，西海固地区小学校的小学未评职称教师有642人、占宁夏小学校的小学未评职称教师比例的35.65%；2016年，宁夏小学校的小学未评职称教师有5788人，西海固地区小学校的小学未评职称教师有1761人、占宁夏小学校的小学未评职称教师比例的30.43%。

表2-26 2005—2016年宁夏西海固地区小学教师小学未评职称情况 单位：人

年份	2005	2006	2008	2009	2010	2011	2012	2013	2014	2015	2016
宁 夏	1801	873	1225	1427	2408	2922	4536	5797	6446	6350	5788
银川市	588	257	246	304	766	847	1076	1331	1368	1424	1446
固原市	340	157	272	333	395	484	979	1160	1251	1159	976

续表

年份	2005	2006	2008	2009	2010	2011	2012	2013	2014	2015	2016
原州区	51	5	51	76	80	96	195	283	262	269	243
西吉县	202	113	77	143	184	164	248	311	273	199	227
隆德县	35	26	59	41	68	108	232	225	241	223	186
泾源县	19	1	53	65	23	47	160	147	167	120	84
彭阳县	33	12	32	8	40	69	144	194	308	348	236
海原县	227	82	46	36	286	303	377	422	449	493	404
同心县	75	18	38	26	90	104	218	352	348	328	381

数据来源：宁夏回族自治区教育厅编：《宁夏回族自治区教育统计手册》（2006—2017 年）。2007 年此数据无统计。

由表 2 - 27 显示，2005 年，宁夏普通初中学校的中学未评职称教师有 1128 人，西海固地区普通初中学校的中学未评职称教师有 310 人、占宁夏普通初中学校的中学未评职称教师比例的 27.48%；2016 年，宁夏普通初中学校的中学未评职称教师有 2005 人，西海固地区普通初中学校的中学未评职称教师有 599 人、占宁夏普通初中学校的中学未评职称教师比例的 29.88%。

表 2 - 27 2005—2016 年宁夏西海固地区普通中学专任教师未评职称情况　单位：人

年份	2005	2006	2008	2009	2010	2011	2012	2013	2014	2015	2016
宁　夏	1128	1545	1475	2529	2711	2919	2974	2939	2490	2186	2005
银川市	272	204	191	274	332	419	482	576	506	499	459
固原市	298	415	447	856	797	726	692	640	533	410	295
原州区	17	63	17	208	199	157	134	141	135	92	125
西吉县	190	207	293	264	255	260	210	196	141	87	92
隆德县	57	56	87	153	162	127	138	112	106	98	57
泾源县	7	51	18	123	117	84	112	93	93	87	19
彭阳县	27	38	32	108	64	98	98	98	58	46	2
海原县	4	111	219	335	294	202	170	227	176	209	162
同心县	8	147	1	257	203	294	200	180	99	133	142

数据来源：宁夏回族自治区教育厅编：《宁夏回族自治区教育统计手册》（2006—2017 年）。2007 年此数据无统计。

表 2 - 28　　　　2005—2016 年宁夏小学阶段 30 岁以下专任教师专业技术职称结构及性别构成状况

单位：人

年份	2005	2006	2008	2009	2010	2011	2012	2013	2014	2015	2016
合计	7586	6663	5035	5078	5098	5068	6506	7206	8203	8967	8990
中学高级	0	0	0	0	3	1	2	0	0	0	0
小学高级	60	40	21	33	19	26	7	37	6	29	17
小学一级	3932	3913	3562	2870	2395	1927	1780	1236	1601	2336	2835
小学二级	2358	1601	633	442	336	299	322	432	654	875	1064
小学三级	53	54	10	14	12	26	32	83	91	78	14
未评职称	1183	1055	809	1719	2333	2789	4363	3395	5851	5649	5059
女教师	5147	4547	3463	3580	4000	3866	5122	5855	6718	7418	7485
男教师	2439	2116	1572	1498	1098	1202	1384	1351	1485	1549	1505

数据来源：宁夏回族自治区教育厅编：《宁夏回族自治区教育统计手册》（2006—2017 年）。2007 年此数据无统计。

表 2－29　　　2005—2016 年宁夏小学阶段 31—40 岁专任教师专业技术职称结构及性别构成状况　　　单位：人

年份	2005	2006	2008	2009	2010	2011	2012	2013	2014	2015	2016
合计	10879	10933	11150	11092	10573	10716	10455	9780	9704	9499	9305
中学高级	12	8	7	10	55	27	3	3	8	7	6
小学高级	3059	3165	3434	3378	5886	2798	2499	1821	1834	1906	1967
小学一级	7015	7230	7481	7525	4587	7689	7576	7083	6652	6249	5759
小学三级	5	5	6	10	6	3	8	15	16	26	14
未评职称	154	111	43	46	15	106	154	355	574	669	706
女教师	6522	6641	7001	7096	6327	6953	6884	6650	6741	6748	6732
男教师	4357	4292	4149	3996	4246	3763	3571	3130	2963	2751	2573

数据来源：宁夏回族自治区教育厅编：《宁夏回族自治区教育统计手册》（2006—2017 年）。2007 年此数据无统计。

第三节　宁夏专任教师的年龄结构及性别现状

从小学教师的年龄结构看，由表2－28、表2－29、表2－30、表2－31显示，2005年，宁夏小学校的30岁以下教师有7586人，女性教师有5147人，男性教师有2439人；31—40岁教师有10879人，女性教师有6522人，男性教师有4357人；41—50岁教师有10512人，女性教师有4054人，男性教师有6458人；51—60岁教师有4770人，女性教师有766人，男性教师有4004人。

2016年，宁夏小学校的30岁以下教师有8990人，女性教师有7485人，男性教师有1505人；31—40岁教师有9305人，女性教师有6732人，男性教师有2573人；41—50岁教师有10336人，女性教师有6394人，男性教师有3942人；51—60岁教师有5483人；女性教师有1557人，男性教师有3926人。

从普通初中学校教师的年龄结构来看，由表2－32、表2－33、表2－34、表2－35显示，2005年，宁夏普通初中学校30岁以下的教师有3957人，女性教师有2089人，男性教师有1868人；31—40岁教师有7079人，女性教师有3148人，男性教师有3931人；41—50岁教师有3403人，女性教师有1107人，男性教师有2296人；51—60岁教师有895人，女性教师有133人，男性教师有762人。

2016年，宁夏普通初中学校30岁以下的教师有4468人，女性教师有3286人，男性教师有1182人；31—40岁教师有6408人，女性教师有3874人，男性教师有2534人；41—50岁教师有6009人，女性教师有2879人，男性教师有3130人；51—60岁教师有2854人；女性教师有831人，男性教师有2023人。

表 2 - 30　　　　　　2005—2016 年宁夏小学阶段 41—50 岁专任教师专业技术职称结构及性别构成状况

单位：人

年份	2005	2006	2008	2009	2010	2011	2012	2013	2014	2015	2016
合计	10512	10223	9669	6772	10028	9985	10253	10206	10023	10021	10336
中学高级	57	69	85	113	148	172	121	173	237	287	374
小学高级	7604	7558	7307	7377	8731	7310	7484	7047	6796	6988	7392
小学一级	2605	2411	2205	2225	1117	2463	2573	2840	2832	2616	2379
小学二级	192	150	46	29	16	19	61	126	134	101	168
小学三级	5	0	8	5	3	2	0	4	3	4	0
未评职称	49	35	18	23	13	19	14	16	21	25	25
女教师	4054	4247	4503	4821	3565	5294	5578	5858	5881	6058	6394
男教师	6458	5976	5166	1951	6463	4691	4675	4348	4142	3963	3942

数据来源：宁夏回族自治区教育厅编：《宁夏回族自治区教育统计手册》（2006—2017 年）。2007 年此数据无统计。

表2－31   2005—2016年宁夏小学阶段51—60岁专任教师专业技术职称结构及性别构成状况

单位：人

年份	2005	2006	2008	2009	2010	2011	2012	2013	2014	2015	2016
合计	4770	5278	6972	7463	7393	7524	7166	6920	5426	5288	5483
中学高级	50	61	96	113	144	220	234	291	279	396	665
小学高级	4066	4628	6333	6880	6791	6824	6383	5796	4406	4234	4278
小学一级	588	534	512	439	437	462	535	780	702	633	524
小学二级	20	27	26	17	9	6	9	35	38	18	15
小学三级	5	4	2	1	5	2	0	10	1	1	1
未评职称	41	24	3	13	7	8	5	8	0	6	0
女教师	766	868	1283	1396	1353	1355	1161	1359	1241	1281	1557
男教师	4004	4410	5689	6067	6040	6169	6005	5561	4185	4007	3926

数据来源：宁夏回族自治区教育厅编：《宁夏回族自治区教育统计手册》（2006—2017年）。2007年此数据无统计。

表2-32　　2005—2016年宁夏普通中学初中阶段30岁以下专任教师专业技术职称结构及性别构成状况

单位：人

年份	2005	2006	2008	2009	2010	2011	2012	2013	2014	2015	2016
合计	3957	4059	3905	5054	5220	5204	5605	5098	4765	4715	4468
中学高级	4	0	0	0	0	0	0	0	0	0	0
中学一级	77	63	34	29	37	22	22	20	15	51	30
中学二级	2076	2046	2083	2275	2216	2123	2547	2181	2300	2506	2551
中学三级	752	503	348	247	325	221	166	151	131	124	46
未评职称	1048	1447	1440	2503	2642	2838	2870	2746	2319	1734	1841
女教师	2089	2204	2178	3013	3279	3349	3764	3521	3334	3350	3286
男教师	1868	1855	1727	2041	1941	1855	1841	1577	1431	1365	1182

数据来源：宁夏回族自治区教育厅编：《宁夏回族自治区教育统计手册》（2006—2017年）。2007年此数据无统计。

表2–33　2005—2016年宁夏普通中学初中阶段31—40岁专任教师专业技术职称结构及性别构成状况

单位：人

年份	2005	2006	2008	2009	2010	2011	2012	2013	2014	2015	2016
合计	7079	6894	6389	6327	6124	5996	5939	6047	6082	6235	6408
中学高级	268	289	201	154	87	58	49	26	18	21	15
中学一级	3637	3442	3330	3155	2874	2534	2358	1743	1502	1554	1598
中学二级	3007	2906	2786	2941	3026	3267	3376	4035	4320	4478	4632
中学三级	91	70	40	55	72	63	59	60	79	32	10
未评职称	76	87	32	22	65	74	97	183	164	150	153
女教师	3148	3142	3006	2971	2933	2978	3078	3274	3474	3622	3874
男教师	3931	3752	3383	3356	3191	3018	2861	2773	2608	2613	2534

数据来源：宁夏回族自治区教育厅编：《宁夏回族自治区教育统计手册》（2006—2017年）。2007年此数据无统计。

表 2-34　　　2005—2016 年宁夏普通中学初中阶段 41—50 岁专任教师专业技术职称结构及性别构成状况

单位：人

年份	2005	2006	2008	2009	2010	2011	2012	2013	2014	2015	2016
合计	3403	3831	4694	5279	5674	5973	6197	6214	6195	6107	6009
中学高级	1311	1439	1733	1931	1977	2096	2190	1801	1656	1509	1437
中学一级	1837	2115	2631	3029	3328	3516	3606	3933	3979	4059	4024
中学二级	240	256	321	315	359	350	392	466	550	532	534
中学三级	11	10	7	3	6	5	3	4	3	5	3
未评职称	4	11	2	1	4	6	6	10	7	2	11
女教师	1107	1313	1792	2099	2331	2526	2636	2738	2818	2880	2879
男教师	2296	2518	2902	3180	3343	4447	3561	3476	3377	3227	3130

数据来源：宁夏回族自治区教育厅编：《宁夏回族自治区教育统计手册》（2006—2017 年）。2007 年此数据无统计。

表 2−35　　2005—2016 年宁夏普通中学初中阶段 51—60 岁专任教师专业技术职称结构及性别构成状况

单位：人

年份	2005	2006	2008	2009	2010	2011	2012	2013	2014	2015	2016
合计	895	1016	1528	1592	1603	1673	1642	2036	2034	2309	2854
中学高级	503	632	969	1079	1086	1161	1177	1500	1400	1619	1959
中学一级	339	341	515	472	480	482	429	491	597	649	828
中学二级	49	43	40	36	36	28	34	44	32	40	67
中学三级	4	0	3	2	1	1	1	1	5	1	0
未评职称	0	0	1	3	0	1	1	0	0	0	0
女教师	133	165	268	270	289	272	264	439	459	598	831
男教师	762	851	1260	1322	1314	1401	1378	1597	1575	1711	2023

数据来源：宁夏回族自治区教育厅编：《宁夏回族自治区教育统计手册》（2006—2017 年）。2007 年此数据无统计。

第 三 章

西海固地区农村基础教育与
农村经济增长实证分析

我国是一个农业大国，农业、农村、农民"三农"问题是我国实现城镇化、工业化和现代化面临的重要问题，要提高农村人口的文化素质和对世界的认知水平，关键是解决农民的基础教育问题。在我国全面建设小康社会，大力推进农村工业化、城镇化和农业产业化的进程中，农村基础教育取向与农民整体素质的高低密切相关，更与农民各项经济收入的多少有直接关系，其收入的多寡可决定其子女能接受基础教育的程度和质量。理解了这层关系，就会对农村基础教育意义的理解更加深刻，广泛地渗透到农村经济和社会发展之中，只有确保提高农村基础教育，特别是基础教育的质量和健康发展，才有利于我国农村现代化深入推进；只有抓好宁夏西海固地区的农村基础教育，才有利于提高该地区移民的教育质量。

在新时代，我国全面建设小康社会、大力推进农村工业化、城镇化和农业产业化的进程中，宁夏西海固地区脆弱的自然环境和农村人口艰苦的生存条件仍需改善，尚不均衡的经济与社会二元结构，制约了当地农村基础教育的发展。提高宁夏西海固地区农村基础教育质量和健康发展水平，有利于促进当地农民脱贫致富和提高人口文化素质，更好地推进农村经济增长，有利于促进民族团结、社会和谐，进而有效提升宁夏西海固地区农村社会经济和谐发展，实现与全国同步建成全面小康社会。

当代西方经济学认为，资本以两种形式存在，即物力资本和人力资本。体现在投入生产过程的厂房、机器、设备、资金等各种物质生产要素的数量和质量等形式方面的资本为物力资本；体现在劳动者身上的可用于生产产品或提供各种服务的智力、技能以及知识的总和就是人力资本。人力资本作为教育的体现形式，已成为人力资本在促进区域经济社会发展的"动力源"。物力资本在人力资本的支配下发挥作用，人力资本是人在接受教育后，以更高的效率利用物力资本，为人类造福。

本章以宁夏西海固地区农村基础教育对经济增长的促进作用和经济反哺教育为视角，运用相关基础理论和模型，结合当地农村基础教育的现状和问题，以及相关统计数据，分析和研究了该地区农村基础教育与农村经济增长的关系，以推进该地区加快经济发展、构建良好的农村基础教育机制体制。

第一节　西海固地区经济社会发展现状

西海固地区位于我国西部宁夏回族自治区的南部山区，是黄土丘陵区的固原市、西吉县、彭阳县、隆德县、泾源县、海原县①、同心县②七个国家级贫困市县的统称，属于黄土高原的干旱地区。

全地区在海拔 1248—2955 米，属南部温带半温湿区至温带半干旱区气候。年平均气温 5℃—7℃，年降水量只有 300 毫米左右，而蒸发量却是降水量的 10 倍。年日照时数为 2200—2700 小时，冬无严寒、夏无酷暑。由于山大沟深、气候干旱、自然条件恶劣，西海固地区植被匮乏。1972 年，联合国粮食开发署确定此地为不适宜人类生存的地区之一。

如表 3 - 1 所示，截至 2017 年 9 月，宁夏总人口 674.90 万人、西海固地区人口 195.09 万人、川区人口 437.48 万人，西海固地区人口占宁夏总人口的 28.91%，川区人口占宁夏的 64.82%，西海固地区人口比川区人口少 242.39 万人；从平均家庭人口数来看，宁夏为 3.19 人/户，西海固地区为 3.60 人/户，川区为 3.02，西海固地区比宁夏高 0.41、比川区

---

① 经国务院批准，2003 年 12 月 31 日，海原县划归中卫市管辖。

② 同心县隶属于吴忠市。

高 0.58；从人口自然增长率来看，宁夏为 8.97‰、西海固地区为 11.00‰、川区为 7.98‰，西海固地区比宁夏高 2.03‰、比川区高 3.02‰；从土地面积来看，宁夏为 6.64 万平方千米、西海固地区为 2.04 万平方千米、川区为 3.55，西海固地区占宁夏土地面积的 30.71%、川区占宁夏土地面积的 53.47%；从城镇人口比重来看，宁夏为 56.29%、西海固地区为 32.14%、川区为 65.99%，西海固地区低于宁夏 24.15%、低于川区 33.85%。由上述参数分析得出，西海固地区与川区相比人口较少、户均人口较多、人口自然增长率较高、占用土地面积少，特别是西海固地区城镇化率还不到川区的一半，说明其城镇化经济和社会发展水平很低。

表 3-1　　　　2016 年宁夏和西海固地区及川区人口状况

地区	总人口（人）			平均家庭人口数（人/户）	自然增长率（‰）	城镇人口比重（%）	土地面积（平方千米）
	合计	男性	女性				
宁夏	6748957	3432634	3316323	3.19	8.97	56.29	66400.00
地区合计	1950854	1001490	949364	3.60	11.00	32.14	20393.71
占全区比率（%）	28.91	29.18	28.63	—	—	—	30.71
同心县	327999	167449	160550	3.75	12.19	38.41	5666.85
原州区	421285	213549	207736	3.30	12.07	48.33	3501.11
西吉县	346612	179718	166894	3.92	11.44	23.78	4000.12
隆德县	155260	78860	76400	3.34	6.19	31.58	1266.70
泾源县	100604	52379	48225	3.45	10.76	28.06	1442.71
彭阳县	196615	101912	94703	3.62	10.60	30.91	3238.40
海原县	402479	207623	194856	3.82	13.73	23.94	6377.82
川区合计	4374818	2215341	2159476	3.02	7.98	65.99	35503.88
占全区比率（%）	64.82	64.54	65.12	—	—	—	53.47

地区	总人口 （人）			平均家庭 人口数 （人/户）	自然 增长率 （‰）	城镇人口 比重 （%）	土地面积 （平方 千米）
	合计	男性	女性				
银川市	2191098	1103320	1087778	2.91	8.11	75.70	8874.61
石嘴山市	795133	402151	392982	2.80	5.65	74.41	5208.13
吴忠市	1388587	709870	678716	3.34	10.19	47.85	21420.14

注：表中合计数值的含义：1. 地区合计为同心县、原州区、西吉县、隆德县、泾源县、彭阳县和海原县的数值之和，川区合计为银川市、石嘴山市和吴忠市之和。下同。2. 表中的"平均家庭人口数（人/户）、自然增长率（‰）、城镇人口比重（%）"三个合计数值为该地区的加权平均数。

数据来源：笔者根据 2017 年《宁夏统计年鉴》整理。

由表 3-2 显示宁夏、西海固地区及川区的土地利用状况。宁夏有农用地 381.21 万公顷（分为耕地、园地、林地和草地），其中，西海固地区有农用地 157.33 万公顷、川区有 179.57 万公顷，分别占宁夏农用地的 41.27%、47.11%，2 个地区合计共占有宁夏农用地的 88.38%，是宁夏农作物的主要生产地和农产品加工业的原材料集聚地。

表 3-2　　　　2016 年宁夏和西海固地区及川区土地利用状况　　单位：公顷

地　区	农用地					其他 农用地	建设 用地
	合计	耕地	园地	林地	草地		
宁夏	3812077	1292087	50146	767850	1492530	209464	319651
地区合计	1573299	708636	4993	508372	279776	71524	92362
占全区比率 （%）	41.27	54.84	9.97	66.21	18.75	34.15	28.89
同心县	269298	139197	1709	57620	60352	10420	16799
原州区	209474	103369	1310	65415	29621	9758	17574
西吉县	271334	162738	14	69470	21169	17943	16747
隆德县	90322	40025	85	43268	956	5990	5293
泾源县	100153	17548	41	79527	668	2369	3990

续表

| 地 区 | 农用地 | | | | | 其他 | 建设 |
		耕地	园地	林地	草地	农用地	用地
彭阳县	218904	83635	400	122710	132	12027	12504
海原县	413814	162124	1434	70362	166878	13017	19455
川区合计	1795739	582138	31708	283347	772958	125587	205734
占全区比率（％）	47.11	45.05	63.23	36.90	51.79	59.97	64.36
银川市	449700	141677	16276	61672	181164	48911	84222
石嘴山市	147618	87914	2707	25797	752	30447	46693
吴忠市	1198421	352547	12725	195878	591042	46229	74819

注：隆德县土地利用面积＝隆德县土地利用面积＋隆德飞地土地利用面积。

数据来源：笔者根据2017年《宁夏统计年鉴》整理。

由表3－3显示，2016年宁夏和西海固地区及川区农村基层农业生产的状况。从小麦产量来看，2016年全区小麦产量为40.89万吨，西海固地区的产量为15.54万吨、占全区的38%，川区的小麦产量有26.27万吨、占全区产量的64.23%；从玉米的产量来看，2016年全区玉米产量为221.47万吨，西海固地区69.94万吨、占全区产量的31.58%，川区的产量为126.94万吨、占全区的57.32%；从蔬菜产量来看，2016年宁夏为593.12万吨，西海固地区产量为218.58万吨、占全区31.54%，川区产量为327.15万吨、占全区产量的55.16%，由以上指标看出，西海固地区在小麦、玉米和蔬菜三项农作物的产量和比重上与川区在全区的占比均低于川区，这与表3－2的农用土地面积中的耕地面积数值占比相反，应与水浇地和管理有关。

表3－3　　2016年宁夏和西海固地区及川区农村基层农业生产状况

地区	小麦产量（吨）	玉米产量（吨）	蔬菜产量（吨）	牛出栏数（万头）	羊出栏数（万只）	禽蛋产量（万吨）
宁　夏	408933	2214650	5931233	68.19	598.22	9.66
地区合计	155379	699370	2185826	40.75	241.76	1.5

续表

地区	小麦产量（吨）	玉米产量（吨）	蔬菜产量（吨）	牛出栏数（万头）	羊出栏数（万只）	禽蛋产量（万吨）
占全区比率（%）	38.0	31.58	31.54	59.76	40.41	15.53
同心县	31242	237104	65642	5.82	72.90	0.08
原州区	17657	94489	1022399	5.77	36.55	0.71
西吉县	52073	48289	696186	7.68	31.24	0.19
隆德县	10731	43401	76945	3.61	5.52	0.11
泾源县	5760	3591	15447	7.93	7.15	0.02
彭阳县	20058	170316	224787	6.70	32.76	0.06
海原县	17858	102180	84420	3.24	55.64	0.33
川区合计	262682	1269400	3271482	23.55	376.28	5.02
占全区比率（%）	64.23	57.32	55.16	34.54	62.90	51.97
银川市	97414	411768	1673320	10.66	85.13	2.19
石嘴山市	60146	176954	647912	4.05	56.25	0.57
吴忠市	105122	680678	950250	8.84	234.91	2.26

数据来源：笔者根据2017年《宁夏统计年鉴》整理。

如表3-4所示，宁夏西海固地区各县市的地区生产总值、地区生产总值比上年增长、人均地区生产总值、人均地区生产总值比上年增长4项指标同2015年相比均大幅度提高。从西海固地区的地方公共财政收入、城镇居民人均可支配收入、农民人均可支配收入指标来看，该地区同心县的地区生产总值增长幅度最大，占10.84%，比全区增长幅度高出3.5个百分点；银川市的城镇居民人均可支配收入额和农民人均纯收入额分别是30477.8元、12037元，城镇居民收入是农民人均收入的3倍以上。由此可见。宁夏城乡经济发展不平衡，西海固地区农民人均收入水平明显低于城镇居民，农村经济发展基础较差。

表 3 - 4　　　　　　　　2016 年宁夏和西海固地区及川区经济状况

地区	地区生产总值（亿元）	地区生产总值比上年增长（%）	人均地区生产总值（元/人）	人均地区生产总值比上年增长（%）	地方公共财政收入（亿元）	城镇居民人均可支配收入（元）	农民人均可支配收入（元）
宁　夏	3168.60	8.1	47194.0	7.0	387.66	27153.0	9852.0
地区合计	343.45	8.16	17322.71	8.39	13.03	21321.46	7464.43
占全区比率（%）	10.84	—	36.71	—	3.36	78.52	75.77
同心县	54.73	11.6	16750	10.9	2.16	20277.2	7388
原州区	103.32	8.9	24685	8.2	2.51	24153.5	8070
西吉县	55.43	8.1	16052	8.8	1.52	21410.6	7566
隆德县	22.57	6.9	14414	8.8	1.28	20047.3	7462
泾源县	14.78	9.2	14770	10.3	1.36	21158.2	7032
彭阳县	43.70	6.8	22348	7.0	2.19	21611.6	7861
海原县	48.92	5.6	12240	4.7	2.01	20591.8	6872
川区合计	2573.71	7.9	57069	6.45	230.5	26599.8	11268
占全区比率（%）	81.23	—	120.92	—	76.83	97.96	114.37
银川市	1617.71	8.1	74288	6.6	173.20	30477.8	12037
石嘴山市	513.57	6.6	64880	5.2	24.74	25970.1	11829
吴忠市	442.43	9.0	32039	7.6	32.56	23351.5	9938

注：表中的"地区生产总值比上年增长（%）、人均地区生产总值比上年增长（%）"二个合计数值为该地区的加权平均数。

数据来源：笔者根据 2017 年《宁夏统计年鉴》整理。

由表 3 - 5 可以看出，宁夏和西海固地区及川区三次产业的结构，从全区总体来看，第一产业的比重占比较低，第二、第三产业比重占比较高，银川市区的三次产业构成情况与宁夏全区的构成情况相似；而从西海固地区的三次产业构成比例来看，第一产业的比重占比仍较高。按宁夏全区来说，以城市为中心的三次产业结构占比较大或较高的为第二产业和第三产业，第一产业最低；在农村和乡镇地区三次产业结构的占比虽然较高，但是较为平衡，这说明以第一产业的生产材料、资源的产出为主，加快发展加工业和制造业第二产业，大力配套、提升和壮大第三产业，亦可谓比较合理。

表3-5　　　　　　2016年宁夏和西海固地区及川区三次产业结构

地区	构成（%）			指数（上年＝100）				人均地区生产总值（GDP）
	第一产业	第二产业	第三产业	地区生产总值	第一产业	第二产业	第三产业	
宁　夏	7.6	47.0	45.4	108.1	104.5	107.9	109.0	107.0
西海固地区								
同心县	19.8	41.2	39.0	111.6	103.4	115.5	112.3	110.9
原州区	13.9	25.4	60.7	108.9	104.6	106.5	111.1	108.2
西吉县	26.7	21.6	51.7	108.1	104.6	109.5	109.2	108.8
隆德县	22.8	28.6	48.6	106.9	103.6	111.1	106.1	108.8
泾源县	17.5	32.6	49.9	109.2	104.1	109.7	110.8	110.3
彭阳县	28.1	26.5	45.4	106.8	104.4	105.7	109.2	107.0
海原县	23.7	34.2	42.1	105.6	102.7	106.5	106.7	104.7
川区								
银川市	3.6	51.0	45.4	108.1	104.4	106.6	110.3	106.6
石嘴山市	5.1	63.0	31.9	106.6	104.2	105.8	108.8	105.2
吴忠市	12.5	56.6	30.9	109.0	104.9	110.3	108.7	107.6

注：本表绝对数按当年价格计算，指数按可比价格计算。

数据来源：笔者根据2017年《宁夏统计年鉴》整理。

由表3-6显示，以2016年的宁夏和西海固地区及川区的人口出生率（‰）、人均耕地面积（亩）、就业人数（人）、2010年人口产业构成（%）、城镇私营单位农林牧渔业就业人员平均工资（元）、农民家庭平均每人生活消费支出（元/人）和农民人均纯收入（元）的各项指标为例，分析和反映西海固地区在宁夏全区和银川市的各项指标的比较值。

在人口出生率指标方面，宁夏为13.69‰、西海固地区为15.81‰，而川区则为12.64‰，西海固地区比宁夏全区高2.12‰、比银川市区高3.17‰，其中，西海固地区人口出生率最高的是海原县，出生率高达

17.81‰，川区人口出生率最低的是石嘴山市 10.39‰，两地差为 7.42‰，此指标的差异揭示出了比较对象地区的社会经济发展水平，证明了银川市经济发展水平和文化教育普及程度高于西海固地区。

表 3－6　　　　2016 年宁夏和西海固地区及川区部分经济状况

地区	人口出生率（‰）	人均耕地面积（亩）	就业人数（人）	2010 年人口产业构成（%）			城镇私营单位农林牧渔业就业人员平均工资（元）	农民家庭平均每人生活消费支出（元/人）	农民人均纯收入（元）
				第一产业	第二产业	第三产业			
宁　夏	13.69	2.92	3692085	51.12	18.70	30.18	29894	9138	9852
地区合计	15.81	5.12	1078373	—	—	—	25526.71	6978.71	7464.43
占全区比率（%）	—	—	29.21				85.39	76.37	75.77
同心县	17.39	6.43	165596	84.03	5.33	10.64	31404	7411	7388
原州区	16.66	3.74	214866	61.10	11.28	27.62	26480	8268	8070
西吉县	16.92	7.03	225016	87.72	3.40	8.88	24218	6120	7566
隆德县	11.10	3.46	69777	71.70	14.47	13.83	27108	7594	7462
泾源县	16.01	2.61	51876	70.19	14.56	15.25	27111	6492	7032
彭阳县	14.79	6.41	121532	80.28	8.18	11.54	21441	6296	7861
海原县	17.81	6.15	229710	86.07	3.75	10.18	20925	6670	6872
川区合计	12.64	2.17	2285366	—	—	—	31879.67	9819.33	11268
占全区比率（%）	—	—	61.90				106.64	107.46	114.37
银川市	12.90	1.00	1146876	25.64	26.00	48.36	30809	11061	12037
石嘴山市	10.39	1.68	364338	32.89	33.22	33.89	31342	9910	11829
吴忠市	14.63	3.88	774152	61.17	15.07	23.76	33488	8487	9938

注：表中的"人口出生率（‰）、人均耕地面积（亩）、城镇私营单位农林牧渔业就业人员平均工资（元）、农民家庭平均每人生活消费支出（元/人）、农民人均纯收入（元）"六个合计数值及占全区比率（%）为该地区的加权平均数。

数据来源：笔者根据 2017 年《宁夏统计年鉴》整理。

在人均耕地面积方面，宁夏为 2.92 亩、西海固地区为 5.12 亩，川区为 2.17 亩，西海固地区比宁夏全区高 2.2 亩、比银川市区高 2.95 亩，其中，西海固地区人均耕地面积最高的是西吉县，人均耕地面积高达 7.03 亩，川区人口人均耕地面积最低的是银川市仅为 1.0 亩，两地差高达 6.03 亩，说明了银川市人均耕地远远少于西海固地区，但是位于土质贫瘠、少雨缺水的西吉县，空有人均占有大量的耕地面积，也增产无计，农民们难为无米之炊。

在就业人数方面，宁夏就业人数为 36.92 万人，西海固地区为 10.78 万人，川区为 22.85 万人，西海固地区仅占宁夏全区的 29.21%、银川市区则占宁夏全区比例高达 61.90%，超出西海固地区 32.69%，说明了宁夏首府银川市的就业情况远远好于西海固地区，经济发展水平也是最好的。

在城镇私营单位农林牧渔业就业人员平均工资方面，宁夏全区为 29894 元，西海固地区为 25526.71 元，川区则为 31879.67 元，西海固地区仅占宁夏全区的 85.39%，银川市区占宁夏全区比例达到 106.64%、超出西海固地区 21.25%。银川市为 30809 元，西海固地区的海原县仅为 20925 元、低于宁夏全区此指标达到 8969 元。

在农民家庭平均每人生活消费支出方面，宁夏全区农民家庭平均每人生活消费支出为 9138 元，西海固地区为 6978.71 元，川区则为 9819.33 元，西海固地区占宁夏全区的 76.37%，银川市区则占宁夏全区比例高达 107.46%、超出西海固地区 31.09%。银川市辖区内农民家庭平均每人生活消费支出最低的吴忠市为 8487 元、低于全区，西海固地区的西吉县仅为 6120 元、低于宁夏全区 3918 元。

在农民人均纯收入方面，宁夏全区农民人均纯收入为 9852 元，西海固地区为 7464.43 元，川区则为 11268 元，西海固地区仅占宁夏全区的 75.77%，银川市区则占宁夏全区比例高达 114.37%、超出西海固地区 38.6%。银川市辖区内农民人均纯收入最低的吴忠市为 9938 元，也高出全区农民人均纯收入，西海固地区的海原县仅为 6872 元、低于宁夏全区农民人均纯收入 2980 元。

第二节　教育对经济增长贡献率
相关模型测算方法

教育兴人智升，技能好劳力强。教育可以提高人的智力，教育可以提高劳动力的素质。当劳动力的投入量达到一定的比例，可以间接地为实现经济增长服务，所以说劳动者的受教育水平决定着劳动者的质量。下面我们运用经济学模型，来论证宁夏西海固地区农村基础教育对经济增长的贡献的关系。

一　柯布—道格拉斯模型

柯布—道格拉斯生产函数表示为：

$$Y = AK\alpha t (L_0 t Et) \beta \qquad (1)$$

式中，Y 为产出量，A 为技术水平常数，K 为资本投入量，α 为资本产出弹性系数，t 为时间变量，L_0 为初始劳动力，E 为教育投入，β 为劳动产出弹性系数，$\alpha > 0$，$\beta > 0$，且 $\alpha + \beta = 1$。

对式（1）两边取自然对数，求时间 t 的全导数，然后用差分方程近似地代替微分方程，可得到教育对国民经济增长贡献的模型为：

$$Ce = \beta e / Y \qquad (2)$$

式中，Ce 为教育对国民经济年均增长率的贡献份额，e 为教育投入的平均增长率，Y 为一定时期内经济的年均增长率。

由于教育综合指数反映的是某年、某国家（地区）劳动力人均受教育程度的状况，它以劳动力受某一级教育为基准，按照一定的劳动简化率（或称劳动折算系数，如工资、生产率、受教育年数）折算人均受教育程度，它的年均增长率与教育投入的年均增长率呈正相关。因此，在计算教育对国民经济年均增长率的贡献份额时，用教育综合指数的年均增长率 Re 来代替 e 应当更为合理。据此，教育对国民经济增长贡献的模型可变为：

$$Ce = \beta Re / Y \qquad (3)$$

进一步可以得到教育对经济增长贡献的模型：

$$Ch = Eh\ Ce = (\beta Eh\ Re) / Y \tag{4}$$

式中，Eh 为教育占年均教育指数增长率的比重。

二 卢卡斯模型

卢卡斯的内生经济增长模型把整个经济分成两个部门。在第一个部门中，每个劳动者根据其拥有的物质资本（与产品同质）和一部分人力资本生产消费品；在第二个部门中，人力资本自我形成。假定每个劳动者能力和其贡献给人力资本的时间（可视作受教育和培训的时间）决定了其进一步获取知识的速度。模型还进一步假定，所有个人都是同质，因而得到下面的生产函数和人力资本函数：

$$Qt = AtK\ t\alpha\ (utHt1 - \alpha) \tag{1}$$

$$Ht = B\ (1 - u)\ \beta Ht \tag{2}$$

其中 A、B、α、β 都是正的参数，Q 是生产产出，K 是物质资本存量，H 是人力资本存量，是人力资本中用于生产的部分，（1 - u）是人力资本用于人力资本形成的部分。当 u 是常数时，决定人力资本的增长率如下式：

$$H/H = B\ (1 - u) \tag{3}$$

当经济处于均衡增长时，可推导出以下的产出与人力资本增值的关联式：

$$Q/Q = H/H = \frac{A/A}{1 - \mu} \tag{4}$$

卢卡斯的专业化人力资本积累增长模式，将人力资本内生于增长模型之中，指出了人力资本与技术进步及经济增长之间的关系，揭示了人力资本增值越快，部门经济产出越快；人力资本增值越大，部门经济产出越大。其理论贡献在于承认人力资本积累不仅具有外部性，而且与人力资本存量成正比，认为人力资本的积累与增值是经济得以持续增长的决定性因素和产业发展的真正源泉。

　　根据上述理论原理得知，西海固地区通过农村教育得到的人力资本和农业科学技术，可以代替部分土地的作用；提升西海固地区的农村基础教育水平，可以提高人的知识和技能，从而提高生产能力、增加个人收入；加大西海固地区农村基础教育的教师和财政投入，改变教育方式，可以加快该地区的经济增长速度。

第四章

西海固地区农村移民文化与
文化认同维度的实证分析

党的十九大报告提出建设"产业兴旺、生态宜居、乡风文明、治理有效、生活富裕""望得见山、看得见水、记得住乡愁""风貌古朴、功能现代、产业特色、文化复归""健全自治、法治、德治相结合的乡村治理体系"美丽农村的总要求，这既是我国生态文明建设的内在要求，也是实现中华优秀文化创造性转化与创新性发展的现实路径，更是新时代创新农村治理模式和建设当代中国农村现代化成功之路。

中共中央办公厅、国务院办公厅在《关于实施中华优秀传统文化传承发展工程的意见》中指出，必须认清中国社会大转型对农村社会的深刻影响，创新农村文化建设模式，确立"村庄文化共同体与经济共同体建设协同推进，文化与经济自治互济"的战略思路。因此，通过在西海固地区移民迁入地构建移民文化共同目标、建设文化产业项目等途径，激发移民参与迁入地、安置点建设的责任感和主人翁意识，强化移民在迁入地、安置点的合作理念，助力搞好宁夏地区移民迁入地的文化认同维度①研究，对推动当地经济、社会发展和文化繁荣具有现实意义。②

本书认为，在生态移民地区，农村基础教育与当地文化融合，产生

---

① 本课题的宁夏地区移民迁入地的文化认同维度：是指西海固地区移民文化的流动性、认同性和融合性。

② 中共中央办公厅、国务院办公厅，关于实施中华优秀传统文化传承发展工程的意见，360 百科网，https：//baike. so. com/doc/24407967 – 25235668. html，2017 年 1 月 25 日。

一种共生关系和互相包含、互相作用的交融关系。当地文化中的部分内容构成农村教育的内容，农村教育活动又是传播文化的重要手段之一。因此，文化与教育的关系最为直接和密切，二者在互动中发展。

对生态移民迁入地群众的教育，要符合新移民到迁入地之后的身心发展的客观规律，正确处理好迁出地传统文化、学习好外来文化、把握好未来文化的选择问题。

第一节　移民文化认同的形成

生态移民工程是将长期生活在自然生态环境恶劣地区的贫困群众，通过政府支持、群众搬迁的方式，把移民安置到适宜"搬得出，留得住，能致富"居所的一项重大民生工程，目的是为处于极端贫困、脆弱生态环境下不宜生存与发展的群众，提供改善生活质量、拥有活出尊严的平台。因异地搬迁、安置，群众在生产习惯、生活习俗、价值观等方面发生了巨大变化，使文化生活亦随之改变。在移民的生活意识改变、习惯调整和原有文化消融的同时，丰富与创新文化的新内涵，产生出适应新环境的、不断发展的新文化体系。

伴随着时代的发展，宁夏西海固地区农民由于生态移民工程的搬迁、移居，使其与贫困地区空间上的脱离，以及具有丰富民族文化传承使命的少数民族老一辈人逐渐离世和与远离家乡务工的年轻人分离，极易出现传统文化、宗教、传统习惯等方面的断层和消失。迁入地新的教育方式和新的搬迁、移居地的学校少数民族文化的课程设置较少，也加大了民族文化传承与文化适应的成本。

第二节　生态移民与文化适应概念

位于宁夏中南部山区的固原市、西吉县、彭阳县、隆德县、泾源县、海原县、同心县等国家级贫困县，是宁夏西海固地区的统称，是我国14个集中连片特殊困难地区之一，是宁夏提出解决中南部地区百万贫困人口扶贫攻坚战略的核心地区。其自然条件恶劣，生态环境瓶颈问题严重制约着当地经济和社会的可持续发展。自 20 世纪 80 年代以来，宁夏对西海固地区的贫困人口先后实施了一系列生态移民工程，采取让移民"异地创业、异地安家、异地致富"的方式，已累计安置贫困人口 60 余万人。

一 生态移民

是指为了保护某个地区特殊的生态或让某个地区的生态得到修复而进行的移民，也指因自然环境恶劣，基本不具备人类生存条件或不具备就地扶贫条件而将当地人民整体迁出的移民。葛根高娃、乌云巴图从生态环境保护与政府行为视角出发，刘学敏以生态移民的多目的性为切入点，方兵、彭志光以生态保护和扶贫脱贫为背景，梁福庆对生态移民的发展、类型、安置模式和政策作了深入细致地分析等，许多学者从不同角度对生态移民做了很好的阐释。

二 文化适应

1883 年，美国民族事务局的鲍威尔（J. W. Powell）首次提出"文化适应"这一概念，即把文化适应定义为来自外来文化者对新文化中的行为模仿所导致的心理变化。20 世纪 30 年代，人类学家莱底菲尔德（Redifield）进一步提出：文化适应用于理解这样一类现象，具有不同文化的群体通过不断的接触，使双方或两个群体最初的文化类型发生变化。

俗话说"人挪活，树挪死""适者生存"。从原来的居住地迁移到陌生环境的民众，首先要尽快地适应新环境，以利于生存。文化适应亦如此。人们在主动与被动的交织中逐渐适应新环境，之后，将原有的和新遇到的两种或多元截然不同的风俗习惯、行为规范和文化价值观，经过文化认同的互动、调适，把原有的文化变异升华、创新发展，复合生成新的文化形态。

第三节　西海固地区生态移民的文化适应

一　移民方式

宁夏的生态移民，不仅涉及人类学、社会学、管理学等多元理论原理，涉及当地的政治、经济和社会问题，还涉及生态、文化、教育、民族、宗教等一系列问题，是一项十分复杂、任务艰巨的系统工程。它主要有政府组织搬迁和自愿搬迁两种形式：一是政府组织搬迁。政府组织搬迁是生态移民的主要形式和被动方式。宁夏各级政府充分发挥职能作用，将西海固地区生存条件差的群众，有计划、规模性地整村搬迁至生产生活条件较好、有脱贫致富前景的银川市及固原市周边地区的居民点安置，统一为每户搬迁群众提供住房、院落和各种补助，建立新区。二是自愿搬迁。自愿搬迁是异地搬迁的主动方式和次要形式，是"拔根"扶贫和脱贫的有效方式之一。西海固贫困地区具有一定的生产技能和自救能力的群众，迫于迁出地恶劣的生存条件和状况，自觉改善生活生存环境，以自食其力的方式，远往他乡，自谋生路。

此外，还有"吊庄"移民、插花移民、教育移民、务工移民等方式的移民工程。

二　生存适应

在迁出地，西海固贫困地区的群众主要采取种、养并存的生产方式。当地因地势高、降雨少，不利灌溉，人们大多采取"靠天吃饭"、广种薄收的原始耕作方式，除购买玉米、小麦、马铃薯等种子外，很少施用化学肥料和农药，农作物产量低、收益少。人均可用旱地或林草地较多，适宜发展养殖业，因而家庭经济收入主要来源于畜牧业。

到迁入地后，移民没有了旱地和林草地，耕地面积人均1亩地或不到1亩地不等，对土地的利用和依赖程度加大，农耕方式也由旱地作业变为水浇地作业，耕作方式和技能均发生了变化；由于迁入地没有草地和林地，虽户均有养殖1头牛的指标，但也大多是采取托管养殖方式，使多数移民的畜牧业养殖技能丧失，直接影响了生态移民的养殖业发展。

同时，年轻人因为不熟悉、不愿意从事农业生产，和农作物变为收入的生产周期长，所以大多选择外出务工谋生，寻找新的经济收入渠道，农业生产则交给留守的老人和妇女来做，务工工资和部分农产品收入变成家庭收入的主要来源。

由于迁入地的可利用耕地极为有限，大多用来种植农作物和经济作物，土地利用率较高，需要使用大量化学肥料和农药，科学耕作，原有旱作技能已不适应迁入地的作业方式，这就要求生态移民必须掌握新的生产技术和科学知识，才能够适应新的生存环境。

三 文化适应

课题组通过对西海固地区生态移民"文化适应"的调研发现，移民群众移居到迁入地后，对新的环境和对当地人的认识、了解、适应、融入等还需要经过一定的时间，同时，其生活方式不得不随新的生活环境发生改变。当地人对移民的适应，以及新组成移民村村民之间的适应和融合接纳也需要一定的时间磨合。移民群众积极地调整、适应迁入地的生产和生活方式，逐步改变或放弃了原有的陋习，消除了"搬迁户""外来户"的意识，生态移民在迁入地形成新社区，人与人之间建立起新联系，主动融入了迁入地的文化环境，逐渐适应接近城镇或社区式的新文化及文化要素，开始了农民市民化的新生活，共建起新的和谐的大家庭。

四 文化认同的意义

在地方经济社会发展过程中，文化适应与文化认同极大地加强了政府与群众、各民族与国家之间的认同感。西海固地区移民的文化适于文化认同，构成民族地区文化社会向民族团结和文明和谐社会发展的原动力，促进了宁夏民族地区多元文化的聚合与正向发展，建立起各民族在经济、社会、民生等方面进行互助和扶持关系，这对维护宁夏"汉族离不开回族，回族离不开汉族，各少数民族之间相互离不开"的民族团结方面起到了积极作用。

第四节　西海固地区移民文化与文化认同的维度

一　西海固地区移民文化的流动性

当今世界的全球化使人口、资金、技术、物资、产品和文化出现全球性流动，其中人口的流动与文化的流动呈相反方向，即人口由落后地区、发展中地区向发达地区流动，文化伴随着资金和技术由发达地区向落后地区、发展中地区流动。

由偏远地区、落后地区向较发达地区、发达地区流动的当代移民，其动机和目的是获得更多发展机会、更大发展空间、更好发展前景和更高生活待遇。他们曾历经磨难和拼搏，成功融入迁入地的社会和文化，并在当地发展中发挥着重要作用。此外，他们有的荣归故里、返乡投资创业，带回在务工地、成长地等习得而形成的文化元素的新文化，对迁入地的移民文化产生重要影响，推动新移民文化的创新和发展。

二　西海固地区移民文化的认同性

移民与其新生代在身份认同和文化认同方面存在巨大差别。他们背井离乡迁移来到移民迁入地，短时间内难以融入迁入地的社会和文化，无法获得身份认同和文化认同，甚至感觉新迁入地是"别人家"，缺乏归宿感、获得感和幸福感。因而，思亲、恋乡之情无法割舍，虽然身在新的迁入地，生存环境和生活水平远远好于原来的迁出地，但是根和"乡愁"还是留在出生成长的迁出地。回归故乡、回馈故乡的情结成为老一辈移民联系一同搬迁到迁入地移民的重要纽带和终生情絮，他们不可能对迁入地产生深厚的情感。因此，对贫困地区的移民文化、文化认同的研究与建设的一项重要任务，就是要打造一条维系和联系移民第二代以及新生代之间的文化走廊和情感纽带。

三　西海固地区移民文化的融合性

移民文化的建设和发展的一项重要内容，就是加强迁出地的移民与移民接收地之间群众的文化交流与融合。这不仅有利于迁出地的移民及新生代对迁入地文化的了解和认同，促进迁出地的移民与迁入地周边的群众之间的友好往来，而且有利于迁入地移民文化的创新和发展，在缩小双方之间的心灵距离、促进双方心理的深度了解、形成双方民众文化背景的高度共识和文化认同等方面将发挥重要作用。

综上所述，结合西海固地区移民文化与文化认同的分析，宁夏回族自治区政府与地方各级政府以移民自愿与非自愿、自助和救助安置、务工搬迁与教育扶贫等相结合的方式，整合移民安置点的生态、经济、社会等资源，有计划、大规模地迁移、安置了西海固贫困地区群众到银川市和固原市等生态环境相对较好的周边地区，缓解了迁出地的生态环境压力，实现了生态移民在新住地的安居乐业。

通过全面贯彻和落实党中央制定的"精准脱贫"政策，大力实施西海固地区整村连片搬迁的生态移民工程，坚定当地群众治贫拔根的决心，提高移民文化认同的意识，促进移民群众的文化融合，逐步改变"三农"经济的落后面貌，实现"五个一批"的群众全面脱贫和"两不愁、三保障"，达到与全国一起奔向现代化的可持续发展的小康之路。

第 五 章

西海固地区城乡公众基础教育
满意度实证分析

本书研究的目的是通过问卷调查，了解相关政策的有效性和疏漏之处及教育方面的不足，探求少数民族地区城乡民众对改善教育的渴求程度，分析宁夏西海固地区少数民族城乡公众教育满意度，反映在当前少数民族地区执行农村基础教育政策的实际状况，借以提出进一步加强和完善基础教育的相关措施。

课题组将西海固地区农村基础教育满意度问卷内容分为 4 个部分：公众对教育总体情况的满意度；当前教育领域里表现最突出的问题；当前应当首先解决的教育问题；教育满意度评价分项指标体系。分项评价指标有教育公平、教育收费、教育过程、教育决策、参与制度、教育质量、教育选拔制度、教育的个人效益和效能感 7 个类别，每个类别又以相应的代表性指标组成。采用随机抽样的方法，对宁夏西海固地区的 3 个县（区）434 名学生家长（主要是初中、普通高中）进行了教育工作满意度的实地问卷调查。针对调查数据，运用因子分析法和多分类有序 Logit 模型，对城乡学生家长基础教育满意度及其影响因素进行实证研究与分析。

研究结果表明，教师队伍的素质、教育部门和学校廉政风气、政府治理教育乱收费的成效、择校热问题解决、当地教育政策、解决农民工子女教育问题、升学考试选拔制度、撤村并校等因素，对该地区的学生家长评价城乡基础教育满意度产生的影响较大。

西海固地区在 1972 年被联合国粮食开发署确定为最不适宜人类生存的地区之一，自然条件恶劣，植被匮乏，群众面临生活贫困与生态环境的双重压力，人口整体文化素质与经济社会发展相互制约，存在着教育理念和基础教育发展条件落后、教育投入严重不足、师资队伍结构不合理、学校与师生数量失衡等问题，这些问题成为影响西海固地区基础教育发展的主要因素。

本书以西吉、海原、固原三县为重点，在较为广泛的问卷调查的基础上，着重阐述了调查地区的学生家长对基础教育所起的重要作用，对调查地区基础教育满意度中存在的主要问题及原因进行了较为深刻的调查、分析和研究，客观、实事求是地提出了该地区对提高基础教育满意度的主要措施，希望以此对当地政府及教育主管部门转变农村基础教育理念，起到一定的推进作用。

第一节　研究目的和手段

由于我国城乡"二元化"经济社会差异明显，提高农村基础教育发展水平的任务十分艰巨。特别是地处西北的宁夏西海固地区，由于历史、自然、经济等原因，仍存在教育经费不足、师资队伍结构不合理、城乡教育与知识差距明显等问题，致使该地区教育整体发展水平较低，导致基础教育出现"城挤、乡弱、村空"现象。因此，西海固地区应把基础教育作为一个战略性问题进行全局统筹和规划，积极采取有效措施，不断提高基础教育的水平和质量，提升群众对教育的满意度。

目前，国内学者研究公众基础教育满意度主要采用整体满意度测量和多重满意度项目测量两种方法①。由于这两种测量方法的项目权重及其项目对总体满意度的影响因素分析尚有需要完善之处，因此，我们采用

---

① 整体满意度测量：是指把满意度视为整体性的评估。如 21 世纪教育研究院所做的中国主要城市公教育满意度调查，就是采用此方法对全国各地区教育现状进行总体评价（21 世纪教育研究院，2009，2010）。多重满意度项目测量：是指先测量个体对教育服务各维度的满意程度，再采用平均法求得整体的满意度。如 2009 年上海市基础教育满意度的调查，就是对构成政府教育工作多方面的满意度进行测量，求得平均值，评价公众对政府教育工作的总体满意度。

因子分析法和多分类有序 Logit 模型来加以弥补进行本课题的研究。

第二节　数据来源和研究方法及统计性描述

一　数据来源

本书研究所用数据，均来源于宁夏大学《宁夏西海固地区生态移民进程中农村基础教育取向研究》课题组的宁夏西海固地区城乡公众基础教育满意度的调查问卷。此问卷采用随机抽查方式，分别对宁夏固原市回民中学、原州区头营小学、西吉县第三中学、隆德县高级中学、隆德县第二中学、隆德县第四中学的部分学生、学生家长和教师，以及固原市部分地方教育主管部门的工作人员进行了调查。问卷调查期为 2014 年 4—9 月。

课题组的研究抽取了以学生家长为调查对象的问卷部分进行了实证分析，共发放调查问卷 434 份，收回有效问卷 418 份，有效问卷占发放问卷总数的 96.3%（见表 5-1）。

如表 5-1 所示，学生家长评价本地区教育总体情况非常满意的占22.70%，比较满意占 57.14%，一般占 16.01%，三项之和为 95.85%；不太满意和不满意的占 4.15%。可见，西海固地区学生家长评价本地教育满意度较高。从调查样本统计性描述结果看，此次调查男性参与度比例较高，占 68.4%；年龄主要以中青年人为主，其中 31—40 岁的占 60.7%，41—50岁的占 33.0%；文化程度主要以小学、初中为主，分别占 30.6%、39.8%。18—30 岁、31—40 岁、41—50 岁、51—60 岁、60 岁以上年龄组的收入比例分别为 7.38%、26.2%、18.08%、26.57%、21.77%。

家长对子女因接受教育而得到益处的评价最高，"非常满意""满意"两项合计达 80.41%；其次是对本地教师队伍的素质评价较高，"非常满意""满意"两项合计达 76.83%；再次是对当地的教育政策的满意度达73.6% 以上。相比较而言，学生家长评价撤村并校的满意度不高，"非常满意""满意"两项合计占 48.62%，"不太满意""不满意"两项合计占24.94%；其次是对当地政府治理教育乱收费的成效满意度较低，意见较大，"非常满意""满意"两项合计占 48.04%，"不太满意""不满意"

两项合计占 24.82%。

表 5－1　　　　　　　　　　　　调查问卷基本情况

统计指标		统计结果及比例（%）				
家长个体特征	性别	结果	男	女		
		比例	68.40	31.60		
	年龄	结果	18—30 岁	31—40 岁	41—50 岁	51—60 岁	61 岁及以上
		比例	4.10	60.70	33.00	1.70	0.50
	文化程度	结果	小学	初中	高中	大专以上
		比例	30.60	39.80	21.50	8.10
基础教育总体满意度		结果	非常满意	比较满意	一般	不太满意	不满意
		比例	22.70	57.14	16.01	2.88	1.27
教育公平性	对本地解决择校热的评价	结果	非常满意	比较满意	一般	不太满意	不满意
		比例	20.57	43.22	23.56	7.82	4.83
	对教育部门与学校廉政风气的评价	结果	非常满意	比较满意	一般	不太满意	不满意
		比例	22.04	42.94	23.88	7.00	4.13
	对解决农民工子女教育问题的评价	结果	非常满意	比较满意	一般	不太满意	不满意
		比例	23.18	40.48	25.14	7.84	3.34
教育收费	政府治理教育乱收费的成效	结果	非常满意	比较满意	一般	不太满意	不满意
		比例	14.48	33.56	27.13	13.10	11.72
教育过程	对减轻中小学生课业负担的感受	结果	非常满意	比较满意	一般	不太满意	不满意
		比例	14.30	43.14	26.07	12.11	4.38
	对本地教师队伍的素质评价	结果	非常满意	比较满意	一般	不太满意	不满意
		比例	26.26	50.57	15.07	6.62	1.48
教育决策	对当地制定教育政策的评价	结果	非常满意	比较满意	一般	不太满意	不满意
		比例	22.86	50.74	19.66	4.91	1.83
	对撤村并校的感受	结果	非常满意	比较满意	一般	不太满意	不满意
		比例	16.09	32.53	26.44	14.71	10.23
	对寄宿制学校的感受	结果	非常满意	比较满意	一般	不太满意	不满意
		比例	18.39	40.00	28.28	9.08	4.25
教育质量	对中小学生推行素质教育成效的评价	结果	非常满意	比较满意	一般	不太满意	不满意
		比例	17.01	35.40	25.29	15.98	6.32

续表

统计指标		统计结果及比例（%）				
教育选拔制度	对目前基础教育升学考试选拔制度的评价	结果	非常满意	比较满意	一般	不太满意	不满意
		比例	21.65	44.33	23.25	7.79	2.98
	对学校设置学生"尖子班"的感受	结果	非常满意	比较满意	一般	不太满意	不满意
		比例	32.34	30.39	19.50	11.93	5.85
教育的个人效益	对子女因接受教育得到益处的评价	结果	非常满意	比较满意	一般	不太满意	不满意
		比例	39.52	40.89	11.91	5.73	1.95

二 研究方法

本课题研究的方法共分两大部分：一是对调查表的效度、信度和可接受性进行评价，二是对学生家长评价城乡基础满意度及其影响因素进行实证研究。

（一）调查表评价

（1）效度评价。本课题研究采用因子分析法对调查表的结构效度进行了评价，并且在对测量结构效度和变量系统的归类的同时，研究了整个调查表的结构。其因子分析模型的一般形式为：

$$X_i = u + \alpha_{i1}F_1 + \alpha_{i2}F_2 + \cdots + \alpha_{im}Fm + \varepsilon_i \ (\ i = 1,2,\cdots,p\ ) \quad (1)$$

其中，X_i 为观测到的随机变量，F_i 为第 i 个公共因子，是不可观测的变量，$\alpha_{ij}(j = 1,2,\cdots,m)$ 为因子载荷，ε_i 是特殊因子，是不能被前 m 个公共因子包含的部分。

（2）信度评价。本课题研究采用克朗巴赫 α 系数对调查表内部一致性信度进行了评价。其计算公式为：

$$\alpha = \frac{N}{N-1}(1 - \frac{\sum S_i^2}{S^2}) \quad (2)$$

其中，N 为调查表的条目数，S_i^2 为第 i 个变量得分的方差（$i = 1,2,\cdots,n$）为调查表所有变量得分的方差。

（3）可接受性评价。本课题研究从调查表的条目数量、是否容易理解与填写、填写完毕的时间以及调查表的回收率和有效率等方面入手，对调查表进行了客观性的可接受性评价。

（二）影响教育满意度因素分析

本课题研究将西海固地区的学生家长评价该地区城乡基础教育满意度分五个等级，即非常满意、比较满意、一般、不太满意、不满意，属于非连续多元有序变量，故采用因子分析法评估城乡基础教育学生家长满意度，并运用多分类有序 Logit 模型进一步做回归分析，以期确认影响学生家长满意度的主要因素。多分类有序 Logit 回归模型的表达式为：

$$\log i_t = \ln\left(\frac{P_j}{1-p_j}\right) = \beta_0 + \beta_1 F_1 + \beta_2 F_2 + \cdots + \beta_p F_p \tag{3}$$

$$j = 1, 2, \cdots, k \tag{4}$$

其中，P_j（学生家长满意度指数）表示 $Y \leqslant j$ 的累计概率，$F_p (p = 1, 2, m)$ 为通过因子分析所确定的 p 个主因子。β_0 为常数项，表示所有自变量为 0 时，出现某一累计结果的概率；$\beta_1, \beta_2, \cdots, \beta_p$ 为回归系数。β 可用最大似然法求出。

（三）变量选择与定义

在借鉴有关研究成果的基础上，本课题研究选取了学生家长基本特征（性别、年龄、文化程度）、教育公平性（解决择校热、教育部门与学校廉政风气、解决农民工子女教育问题）、教育收费（政府治理教育乱收费的成效）、教育过程（减轻中小学生课业负担、教师队伍的素质）、教育决策（教育政策、撤村并校的感受、对寄宿制学校的感受）、教育质量（中小学生推行素质教育成效）、教育选拔制度（基础教育升学考试选拔制度、学校设置学生"尖子班"的感受）、教育的个人效益和效能感（子女因接受教育而得到的益处）8 个大类共 16 个解释变量，被解释变量选择了学生家长对基础教育满意度的评价结果（见表 5 - 2）。

表 5 - 2　　　　　　　　　　变量定义及其统计性特征

变量名称	变量定义	平均值	标准差	最大值	最小值
被解释变量					
Y：学生家长评价基础教育的满意度	1 = 非常满意；2 = 比较满意；3 = 一般；4 = 不太满意；5 = 不满意	1.969	0.756	5.000	1.000

续表

变量名称		变量定义	平均值	标准差	最大值	最小值
解释变量						
家长个体特征	性别（X_1）	0＝女；1＝男	0.694	0.461	1.000	0.000
	年龄（X_2）	1＝18－30岁，2＝31－40岁，3＝41－50岁，4＝51－60岁，5＝60岁以上	2.359	0.627	5.000	1.000
	文化程度（X_3）	1＝小学；2＝初中；3＝高中；4＝大专及以上	2.089	0.931	4.000	1.000
教育公平	对本地解决择校热的评价（X_4）	1＝非常满意；2＝比较满意；3＝一般；4＝不太满意；5＝不满意	2.292	1.084	5.000	1.000
	对教育部门、学校廉政风气评价（X_5）	1＝非常满意；2＝比较满意；3＝一般；4＝不太满意；5＝不满意	2.124	0.941	5.000	1.000
	对解决农民工子女教育问题的评价（X_6）	1＝非常满意；2＝比较满意；3＝一般；4＝不太满意；5＝不满意	2.122	0.922	5.000	1.000
教育收费	对政府治理教育乱收费的成效（X_7）	1＝非常满意；2＝比较满意；3＝一般；4＝不太满意；5＝不满意	2.679	1.224	5.000	1.000
教育过程	对减轻中小学生课业负担的感受（X_8）	1＝非常满意；2＝比较满意；3＝一般；4＝不太满意；5＝不满意	2.404	0.985	5.000	1.000
	对本地教师队伍的素质评价（X_9）	1＝非常满意；2＝比较满意；3＝一般；4＝不太满意；5＝不满意	2.038	0.853	5.000	1.000

续表

变量名称		变量定义	平均值	标准差	最大值	最小值
教育决策	对当地制定教育政策的评价（X₁₀）	1＝非常满意；2＝比较满意；3＝一般；4＝不太满意；5＝不满意	2.081	0.776	5.000	1.000
	对撤村并校的感受（X₁₁）	1＝非常满意；2＝比较满意；3＝一般；4＝不太满意；5＝不满意	2.904	1.288	5.000	1.000
	对寄宿制学校的感受（X₁₂）	1＝非常满意；2＝比较满意；3＝一般；4＝不太满意；5＝不满意	2.376	1.027	5.000	1.000
质量	对推行素质教育成效的评价（X₁₃）	1＝非常满意；2＝比较满意；3＝一般；4＝不太满意；5＝不满意	2.146	0.898	5.000	1.000
教育选拔	对升学考试选拔制度的评价（X₁₄）	1＝非常满意；2＝比较满意；3＝一般；4＝不太满意；5＝不满意	2.230	0.947	5.000	1.000
	学校设置学生"尖子班"的感受（X₁₅）	1＝非常满意；2＝比较满意；3＝一般；4＝不太满意；5＝不满意	2.366	1.178	5.000	1.000
教育个人效益	对子女因接受教育而得到的益处评价（X₁₆）	1＝非常满意；2＝比较满意；3＝一般；4＝不太满意；5＝不满意	1.730	0.734	5.000	1.000

第三节　公众教育满意度比较结果分析

一　调查表评价结果分析

在因子分析数据处理上，本课题研究先将原始数据进行标准化处理，消除变量间在数量级和量纲上的差异；再运用 SPSS19.0 软件进行 KMO 检验，结果为：KM ＝0.8881，P＝0.0001，说明检验结果显著。这充分表明数据之间具有一定的相关性，采取因子分析方式是合理的。

　　在因子分析结果处理上，课题组发现因子分析的共同度较高（均在 0.5 以上），表明变量中的大部分信息均被因子所提取，这足以表明因子分析的结果是有效的。

　　之后，我们运用 SPSS19.0 软件，采用主成分法提取特征值大于 1 的因子共 3 个。因为初始载荷矩阵结构不够清晰，不便于对因子进行解释，所以，课题组未做因子载荷矩阵，而是运用方差最大正交旋转法对因子载荷矩阵进行旋转，得到旋转载荷矩阵（见表 5 – 3）。

表 5 – 3　　　　　　　　　　旋转后的因子载荷矩阵

标准化变量	F_1	F_2	F_3	共同度
ZX_1	– 0.037	0.126	0.615	0.991
ZX_2	0.041	– 0.148	0.718	0.995
ZX_3	0.258	– 0.666	0.218	0.994
ZX_4	0.589	0.125	0.014	0.950
ZX_5	0.710	0.133	0.214	0.787
ZX_6	0.681	– 0.015	– 0.028	0.952
ZX_7	0.638	0.077	– 0.030	0.893
ZX_8	0.487	0.198	– 0.208	0.993
ZX_9	0.660	– 0.028	0.127	0.896
ZX_{10}	0.742	0.049	0.059	0.740
ZX_{11}	0.553	0.382	0.010	0.872
ZX_{12}	0.257	0.719	0.163	0.969
ZX_{13}	0.703	– 0.031	0.015	0.890
ZX_{14}	0.646	– 0.160	– 0.092	0.916
ZX_{15}	0.548	– 0.200	– 0.146	0.919
ZX_{16}	0.490	0.108	– 0.306	0.977

　　根据每个条目在其中一个公因子 Fm 上的载荷应大于 0.4，且对其他公因子的载荷较低的原则，在表 5 – 3 的主因子 F_1 中，解决择校热问题（X_4）、教育部门和学校廉政风气（X_5）、解决农民工子女教育问题（X_6）、政府治理教育乱收费的成效（X_7）、减轻中小学生课业负担

（X_8）、本地教师队伍的素质（X_9）、当地教育政策（X_{10}）、撤村并校（X_{11}）、推行素质教育的成效（X_{13}）、升学考试选拔制度（X_{14}）、学校设置学生"尖子班"（X_{15}）、子女因接受教育而得到益处（X_{16}）12个指标具有较高的因子载荷；在主因子 F_2 中，文化程度（X_3）、对寄宿制学校的感受（X_{12}）2个指标具有较高的因子载荷；在主因子 F_3 中，性别（X_1）、年龄（X_2）2个指标具有较高的因子载荷。家长的个性特征分散在第二、第三主因子中。所以，设计调查表的结构基本与预期设想的结构相符，且三个公因子解释了全部的自变量。

根据旋转后的因子载荷矩阵，运用因子得分法进行计算，得到旋转因子得分（见表5－4）。

表5－4 旋转因子分值

评价指标	成分			总得分	排名
	1	2	3		
X_1	0.093	－0.529	0.158	－0.0034	16
X_2	0.127	－0.193	－0.129	0.0136	15
X_3	0.097	0.046	－0.251	0.0151	14
X_4	0.154	－0.002	0.051	0.0496	4
X_5	0.095	0.268	0.022	0.0514	3
X_6	－0.015	0.123	0.517	0.0416	6
X_7	0.013	0.555	0.162	0.0596	2
X_8	0.091	0.120	－0.166	0.0254	12
X_9	0.142	0.072	0.184	0.0613	1
X_{10}	0.141	－0.055	0.105	0.0452	5
X_{11}	0.150	－0.064	0.012	0.0408	8
X_{12}	0.145	－0.166	－0.082	0.0246	13
X_{13}	0.130	0.023	－0.022	0.0393	10
X_{14}	0.117	0.064	0.017	0.0415	7
X_{15}	0.144	－0.051	－0.023	0.0376	11
X_{16}	0.018	－0.093	0.593	0.0394	9

运用 SPSS19.0 软件，分析问卷调查表的内部一致性信度，得到克朗巴赫系数 α 值为 0.833，证明调查表的信度良好。

还有，为适合调查对象对内容的理解和容易填写，问卷调查表设计条目为 17 项，调查对象均能在 15 分钟内全部回答完毕。此调查共收回学生家长调查问卷 434 份，回收率为 100%。其中有效调查表为 418 份，有效率达 96.3%，这说明本调查表具有良好的可接受性。

二　教育满意度及其影响因素结果分析

（一）因子分析

前述因子分析法中，X_4、X_5、X_6、X_7、X_8、X_9、X_{10}、X_{11}、X_{13}、X_{14}、X_{15}、X_{16} 12 个指标在 F_1 上有较高的载荷，说明 F_1 主要解释了教育公平性、教育收费、教育过程、教育决策、教育质量、教育选拔、教育个人效益（X_{16}）7 个方面的信息；X_3、X_{12} 在 F_2 上有较高的载荷，X_1、X_2 在 F_3 上有较高的载荷，说明 F_2、F_3 主要解释了家长个体特征及教育决策部分的信息。

在因子分析的基础上，本研究再运用多分类有序 Logit 模型进一步分析了影响学生家长评价城乡基础教育满意度的主要因素。

（二）多分类有序 Logit 模型进行回归分析

运用 SPSS19.0 软件，以学生家长对城乡基础教育满意度为因变量，以前述因子分析所确定的 3 个主因子为自变量，进行 Logit 回归处理（见表 5 - 5）。拟合表 5 - 5 信息显示：模型的对数似然比最终统计量为 710.110，卡方统计量为 187.781，对数似然比检验的显著性水平为 0.000，小于 0.01，表明模型通过卡方检验，整体拟合效果较理想。平行性检验显示，sig 值为 0.021，表示在 5% 的显著性水平下通过检验。

如表 5 - 5 的 Wald 卡方检验结果所示：主因子 F_1 对学生家长评价西海固地区城乡基础教育满意度具有显著的影响（$P < 0.05$）；主因子 F_2、F_3 对学生家长评价西海固地区城乡基础教育满意度在统计中影响并不显著（$P > 0.05$），说明主因子 F_1 所解释的 X_4、X_5、X_6、X_7、X_8、X_9、X_{10}、X_{11}、X_{13}、X_{14}、X_{15}、X_{16} 是影响学生家长对西海固地区城乡基础教育满意度的主要因素；学生家长的个体特征及撤村并校对学生家长评价西海固地区城乡基础教育满意度基本没有影响。因此，从表 5—4 的旋转因子得分和综合得分表中得出的结果表明：F_1 所解释的 12 个因素对学生家长满意度影响的重要程度依次是：$X_9 > X_7 > X_5 > X_4 > X_{10} > X_6 > X_{14} > X_{11} > X_{16} > X_{13} > X_{15} > X_8$。

表 5－5　　城乡基础教育满意度影响因素的 Logit 模型回归结果

项目		估计	标准误	Wald	df	显著性	95% 置信区间	
							下限	上限
阈值	[Y = 1]	−1.486	0.140	113.065	1	0.000	−1.760	−1.212
	[Y = 2]	1.903	0.155	150.007	1	0.000	1.599	2.208
位置	F1	1.543	0.129	143.573	1	0.000	1.291	1.795
	F2	0.127	0.101	1.585	1	0.208	−0.071	0.324
	F3	0.158	0.101	2.414	1	0.120	−0.041	0.356

模型	模型拟合信息		平行线检验	
	仅截距	最终	零假设	广义
−2 对数似然值	897.890	710.110	710.110	690.597[a]
卡方	—	187.781	—	19.512[b]
df	—	3	—	9
显著性	—	0.000	—	0.021

第 六 章

西海固地区农村基础教育取向
存在的问题及对策建议

本章旨在对前述各部分的数值及统计数据进行梳理和分析的基础上，针对各个部分的背景和现状，与之相对应，以集中形成汇总"小结"——厘清"存在的问题"——提出"对策和建议"的方式，重点阐释各个部分存在的问题，进而提出解决问题的对策和建议。

第一节 西海固地区农村基础教育现状研究

一 西海固地区农村基础教育现状分析

由前述资料综合分析显示，在宁夏西海固地区普通中学教师当中的研究生学历人数多于小学教师，高学历的教师大多流向城区或镇区，农村普通中学本科学历教师的师资力量强于农村小学。但是，本科学历小学教师的增长速度明显大于普通中学，教师接受高等教育的程度和水平均在逐步提高，尤其是农村小学教师队伍的整体素质显著提升；小学和普通中学的专科学历教师人数在逐年减少，普通中学专科学历教师的下降速度大于小学教师，城市专科学历的小学和普通中学教师少于农村地区；持有高中毕业学历的小学和普通中学教师数量较少，尤其是高中毕业小学教师人数的减少速度大于普通中学高中毕业教师，有的农村地区的学校已经没有高中以下学历的教师，这一方面是因为低教育学历的教师正在渐渐被现实所淘汰，正在退出农村基础教育的讲台，另一方面就

是因为教师本身在随着时代的需要，不断积极地提高自身的教育素质和
受教育水平。

二 西海固地区农村基础教育存在的问题

（一）师资方面的问题

西海固地区农村在校教师的数量不足和素质方面的欠缺，是制约西
海固地区农村基础教育发展的主要因素之一。由于西海固地域的经济发
展实力的限制，农村师资紧缺且流失严重，以及偏远地区农村教师接收
和利用先进的教学媒体的能力不高，影响了教学质量和教学水平的发挥。

（二）生源方面的问题

随着农村地区大量剩余劳动力向城镇地区的转移，农村学龄儿童多
数跟随父母进城入镇读书，农村地区的学校学生自然逐渐减少。由于农
村地区学校的合并办学，大部分地区的学生集中到乡镇，从而增加了集
中住宿的寄宿生，年龄较小的学生因不能适应学校的寄宿生活，只好跟
随外出务工的父母就近读书，更加减少了农村学校的生源。

（三）农村留守儿童的问题

对解决农村基础教育问题而言，农村留守儿童问题仍然是巨大挑战
之一。农村孩子的父母因忙于务农或打工，缺乏与孩子的交流和对孩子
的照顾，孩子也容易出现自闭、自卑、内向、焦虑和抑郁等现象，使孩
子接受新知识、新事物等方面比较缓慢。

三 西海固地区农村基础教育对策和建议

（一）优化配置教师资源

建立自治区内基础教育阶段教师的合理流动机制，保护好西海固地
区现有的农村教师资源，为从城市自愿流动到农村贫困地区支教、轮教
的教师建档立卡，最大限度地为他们提供再充电的学习机会，用于对他
们福利待遇的政策补偿；重点培育和塑造一批有理想信念、有道德情操、
有扎实学识和有仁爱之心的"四有"教师，建立一支高学历、高水平、
高能力的"三高"农村学校基础教育教师梯队，有序发展农村基础教育
事业，使现有的农村教师资源发挥出更大潜力，为贫困地区农村教育助

力精准脱贫、实现中华民族伟大复兴的中国梦作出贡献。

（二）提高农村学校规模效益

由于西海固地区农村人口减少，农村小学数量及生源也随之减少，而且呈持续减少状态。但是，面临基础教育资源不足而仍有必要保留的小学办学点应当长期保留，以迎接若干年后因农民返乡创业、农村人口激增的不时之需；为使农村学校达到一定的规模，合并后的西海固地区农村中小学，应按照国家"小学就近入学，初中相对集中"的原则，合理布局，优化资源配置。

（三）发挥设施职能作用

依据《国务院关于基础教育改革与发展的决定》及宁夏地方政府的有关规定和管理办法，在西海固地区既有需要、条件又较好的地方，借鉴国内外的先进成功经验，在确保"调整后的校舍等资产要保证用于发展教育事业"的同时，在翔实登录统计调整后的农村闲置校舍设施等资产的基础上，利用撤村并校后的闲置校舍，合理地优先建设当地的涉农教育设施或赋予农村校舍发展农村旅游用房等新的服务业。

第二节　西海固地区农村基础教育与农村经济增长研究

一　西海固地区农村基础教育与农村经济增长分析

宁夏西海固地区农村基础教育与农村经济增长的关系为互为依存、相互促进，政府应积极加大对当地人力资本的投入，快速发展第二、第三产业，刺激和带动农村经济的增长；在良好的经济效益增长的前提下，反哺农村基础教育，推进农民社会保障事业的发展，增加农民收入，改善民生，促进民族团结、社会和谐，进而加快宁夏西海固地区农村就地城镇化建设，实现与全自治区和全国同步建成全面小康社会。

二　西海固地区农村基础教育与农村经济增长方面存在的问题

如前所述，从统计数据中可以看出，在宁夏西海固贫困地区农村的中小学校仍有受教育程度较低的教师存在，这是影响该地区今后一个时期内人口文化素质提高的瓶颈问题之一。

另外，虽然农村人口众多，但是农村劳动力文化素质和劳动技能普遍低下，甚至还有一些小学二三年级水平文化程度的青壮年劳动力存在，致使农村人力资本难以发挥作用；农村地区的教育财政体制不完善、投入农村基础教育的经费不足，与农村经济增长收益的反哺能力较弱也有一定的关联；农村地区特别是贫困地区的教师师资力量薄弱，教学能力不高以及教学设施的不完善、教学条件落后，等等，都是影响和限制农村基础教育质量的重要因素。

三 针对西海固地区农村基础教育与农村经济增长对策和建议

农村基础教育与农村经济增长的关系，我们认为是互相补充、相互促进的关系，大力发展农村基础教育对于提高劳动者素质、扩大就业机会、提升人力资本和市场竞争力，以及推动农村经济增长具有重要的现实意义。

因此，应加大对西海固地区农村基础教育阶段低学历教师的帮扶政策和财政支持力度，实施经济补贴式的财政"输血"方式，强化农村基础教育阶段低学历教师自身"造血"机能，以"走出去""转起来""留下来""强起来"为导向，通过提供在区内外教师培训机构或在"国培班"进修和赴国外进行国际化深造等在职学习机会，解决好农村学校师资整体提高综合素质和文化水平问题，建好西海固地区人民满意的农村基础教育阶段的师资队伍，打好教育扶贫和智力扶贫攻坚战，确保与宁夏和全国同期实现精准脱贫和"拔根"贫困的全面小康社会的目标。

第三节 西海固地区农村基础教育研究

一 西海固地区农村基础教育现状分析

基础教育是我国教育的重要组成部分，在全面建设小康社会中具有基础性、先导性、全局性的重要作用。党的十八大明确提出的"努力办好人民满意的教育"和"大力促进教育公平，合理配置教育资源，重点向农村、边远、贫困、民族地区倾斜，支持特殊教育，提高家庭经济困难学生资助水平，积极推动农民工子女平等接受教育，让每个孩子都能成为有用之才"，以及党的十九大更加明确地、坚定地要"优先办好教育事业""办好人民满意的教育""推动城乡义务教育一体化发展，高度重视农村义务教育，办好学前教育、特殊教育和网络教育，普及高中阶段教育，努力让每个孩子都能享有公平而有质量的教育。完善职业教育和培训体系，深化产教融合、校企合作"战略，为当前和今后一个时期我国教育的改革与发展指明了方向。

二　西海固地区农村基础教育存在的主要问题

农村基础教育的重要组成部分是九年义务教育。宁夏西海固地区由于多种制约因素所致，农村基础教育工作困难重重、形势严峻，主要表现在以下几点：

（一）入学率、升学率和家长期望值问题

在宁夏西海固地区调研中发现，初中入学率和巩固率低；城镇的学生家长希望子女接受好的教育，农村的学生家长则对子女接受高等教育的积极性不高；认为读书无用，表现是对读书后的期望收益较小，付出的代价太大；普遍认为现在的大学生毕业后都难找到工作，不如让孩子早点出去打工。

（二）农村的基础教育资源条件和教师负担问题

宁夏西海固地区由于农村基础教育投资不足，城乡教育资源分布不均衡，义务教育阶段普遍存在校舍和教学设备比较差、师资的素质和水平比较差、学校的生源和社会声誉比较差的"三差"，以及教育水平和教学质量比较低、学校的整体管理水平比较低的"两低"现象。一名小学教师同时任教两个及两个以上不相关学科的现象十分普遍。

三　西海固地区农村基础教育的对策和建议

（一）政府财政支持

宁夏西海固地区的农村基础教育水平与当地的经济增长速度不协调，原因是多方面的。为了促进农村基础教育发展人力资本，需要国家和自治区政府、西海固地区的各地市县级地方政府、教育财政行政部门，以及校长、教师及学生家长积极配合，深刻认识农村基础教育的艰巨性和复杂性，认清教育对经济增长的巨大作用，应对现实挑战，努力争取国家和自治区的物力人力资本支持与社会力量的支持，切实解决现实存在的财政困难问题，制定适应当地的经济反哺教育和人才培养对策，促进农村基础教育的健康发展。

（二）提高教师素质

根据宁夏西海固地区农村基础教育的实际情况，明确农村基础教育方向，调整基础教学内容的重点，完善农村学校教师队伍建设，构建以地方政府投入为主体的教师待遇保障机制，改变农村老师外流的局面，让农村老师安心执教。大力开展教师的再培训，提高农村教师队伍素质。帮助教师合理流动，积极引导和鼓励高级教师及其他具备教师资格的专家学者到农村学校支教，加大对条件艰苦、贫困地区农村长期任教并表现突出的教师给予高额的物质和经济奖励。将新要求新方法新手段植入基础教育教学，建设具有"立德树人""三全育人"和"四有教师"高尚品质的农村基础教育阶段的教师梯队，在学校思政课程的教改方面融入习近平新时代中国特色社会主义思想的新理念新课题，运用新内涵新模式培养合格的社会主义建设者和接班人。

（三）提升教学质量

在我国全面建设小康社会的关键时期，大力推进农村工业化、城镇化和农业产业化的进程中，努力培育宁夏西海固地区的农村经济环境，搞好职业教育培训，增加农民的收入，减轻农民对学生基础教育的经济负担；转变农民"教育无用论"的观念，提高农村基础教育质量，强化农村免费义务教育阶段的监督和考核，减少农村青少年辍学学生数量，促进当地农民脱贫致富和提高人口文化素质，更好地推进农村经济增长。做好"互联网＋教育"示范工程，全面实施农村基础教育学校（教学点）"智慧教学"线上线下互动课堂项目，实现优秀教师资源共享，让优秀教师在课堂与城乡学生同窗、同堂、同讲、同动，提升农村基础教育教学质量。

实现党的十八大以来提出的走中国特色新型工业化、信息化、城镇化、农业现代化道路同步发展的关键，在于如何解决教育农民和提升农民综合素质问题。我国是一个农业大国，在我国全面建设小康社会，大力推进农村工业化、城镇化和农业产业化的进程中，农村基础教育取向与农村经济发展水平的关系密切，农村教育水平的提高依赖于农村经济和社会的发展。确保提高农村基础教育特别是义务教育的质量和健康发展，有利于我国农村现代化深入推进；抓好宁夏西海固地区的农村基础教育，更有利于提高该地区的教育移民质量，更好地促进农村经济增长。

第四节　西海固地区农村移民的文化认同维度研究

一　农村扶贫搬迁移民的文化认同分析

通过对宁夏农村扶贫搬迁移民安置点的调查发现，在民族地区构建多元文化认同机制，是达到维护民族地区和谐发展与社会进步的有效途径；移民个体只有认同新的生存环境和文化环境，才能使族群整体的生活质量和心理素质得到提高。同时，宁夏生态移民是全国主体功能区规划战略的具体实践，既推进了宁夏西海固地区农村人口由中南部山区向沿黄经济区迁移的新型城镇化建设和乡村建设，又为银川经济区的快速发展提供了劳动力支持，实现了山川城乡互利，具有全局性、示范性和创新性的现实意义。

二　移民文化认同中存在的文化堕距问题①

（一）搬迁规模与安置能力问题

生态移民工程是一项复杂的系统工程，它涉及面广、建设任务重、工作难度大。生态移民群众主要来自西海固地区的贫困人口，他们从起初的政府"让我搬"转变为自愿"我要搬"，向往高品质生活和脱贫致富的积极性很高。但是，随着可耕种土地面积的逐渐减少，可供安置贫困人口的选址越来越难，可迁入的人数规模与安置计划的矛盾凸显。

---

① 文化堕距：美国社会学家奥格本在1922年出版的《社会变迁》中提出的概念，是指物质文化和非物质文化在社会变迁速度上所发生的时差。该理论认为，由相互依赖的各部分所组成的文化在发生变迁时，各部分变迁的速度是不一致的，有的部分变化快，有的部分变化慢，结果就会造成各部分之间的不平衡、差距、错位，由此造成社会问题。引自：http://wenda.so.com/q/1372948357064042。

（二）文化教育与学校规模问题

移民子女由迁出地进入安置地的学校后，往往由于学习基础差，需要降低一到两级后才能跟上当地学生的学习进度，不能与迁入地的学生同龄同年级学习，学生心理上受到一定的影响。同时，移民安置点学校少、规模小，较高年级的学生要到较远的地方上学，存在着一定的安全隐患。

（三）文化素质与帮扶力度问题

部分生态移民自身文化教育程度较低，有的甚至是小学二、三年级文化水平，适应和发展能力较弱，不具备职业技术劳动就业能力，部分移民面对迁入地的新环境难以适应，且择业空间小，生产生活较困难。一些地方对迁入后移民的生产扶助、技能培训、生活困难帮助等后续扶持力度不够，造成移民对前途心有余悸，难以稳定安置。

三 农村扶贫搬迁移民的文化认同对策和建议

（一）以扶贫引智项目把流动移民人口稳住

宁夏生态移民对象全部来自国定贫困县和自治区确定的重点扶贫村，群众生活比较困难。应加大对生态移民安置区劳动密集型扶贫项目的引进，加大国家扶贫资金包括以工代赈、财政扶贫等向移民安置地的倾斜和投入，改善安置区移民的生产条件，克服"故土难离""初来乍到"的旧观念和畏难情绪，提高搬迁移民脱贫致富的信心，做到励志扶贫、集智助贫、提质脱贫、立制防贫。

（二）以教育和培训项目提升移民人口文化认同

以宣传和引导的方式，增强生态移民群体的文化主体意识，提升移民群众的文化素养，引导移民缩小农村文化和城市文化的差距，促进农民文化生活的市民化和社区化。加强地方学校对移民子女的帮助，加大安置点学校的师资力量，适当对转入迁入地学校移民子女补习功课。探索创新移民职业文化教育模式，大力推进生态移民子女的中职和高职教育，提高移民人口整体的文化认同度和就业竞争力。

（三）以传统乡愁文化为"根"促进多元文化融合

建设美丽农村，离不开农民生活水平的市民化和农村文化的现代化。

积极发掘生态移民地区的民俗、民风和民情等多元优秀民间文化，注重地方传统乡愁情怀"非遗"文化的传承，把碎片化的农村特色文化融合、整理成具有系统性、完整性和原真性的品牌文化，在此基础上，让乡土文化吸收城市文明和城市文化的精髓，同时开展具有民族传统和地域特色的农村文化活动，培养优秀的民间文化、非物质遗产文化产业的传承人，提升农村乡土文化现代化水平，将农村的传统文化注入持久的活力，使农村新文化得到继承和发扬。

（四）由宁夏生态移民的文化适应引发的思考

综上所述，生态移民因生存环境的改变而使移民群众原有的习俗发生了变化，只要适应新的生存与社会环境，就能更好地求得生存与发展，同时迫使人们因社会环境和人际关系的改变而转变文化意识、更新文化观念、产生新的文化形态。虽然文化适应会造成一部分传统文化流失或发生变异，会影响群众的心理自信、文化自信，但是随着时空变换而产生的新文化，在碰撞、调适、交融中更能迸发新的生机，摒弃过去的陋习与糟粕，在移民的文化认同达成一致的前提下，会更好地激励人们同心同德、共建家园、和睦前行，进而实现国家和地方政府制定的确保易地搬迁群众"搬得出，留得住，能致富"政策的脱贫攻坚目标。

第五节　西海固地区学生家长对城乡基础教育满意度评价研究

一　学生家长对城乡基础教育满意度分析

学生家长对城乡基础教育满意度的评价是衡量基础教育成果的一个重要组成部分和核心因素，会对城乡孩子的成长和接受教育以及提高地方人口素质等方面起着决定性作用。我们选择宁夏西海固地区南部山区的学生家长为研究对象，进行实证调查，依据分析其影响因素和对教育现状的认识，全面了解该地区学生家长对城乡基础教育满意度的评价和态度，目的是探究影响该地区学生家长的基础教育满意度的主要因素，寻求具有针对性的措施方法，力求为提高少数民族贫困地区的基础教育水平和质量，以及政府制定相关政策提供科学依据。

二 学生家长对影响城乡基础教育满意度因素的评价

（一）从整体情况看

西海固地区学生家长对本地区城乡基础教育满意度较高，非常满意、比较满意占 79.84%。本地教师队伍的素质、教育部门和学校廉政风气、政府治理教育乱收费的成效、择校热问题解决、当地教育政策、解决农民工子女教育问题、升学考试选拔制度、撤村并校是影响西海固地区学生家长评价本地区城乡基础教育满意度的主要因素，尤其是教师队伍的素质、教育部门学校廉政风气和政府治理教育乱收费的成效是影响西海固地区学生家长评价本地区城乡基础教育满意度的关键因素。

（二）从影响孩子未来的成长过程看

子女因接受教育而得到益处、推行素质教育的成效、学校设置学生"尖子班"、减轻中小学生课业负担等因素，更加受到西海固地区学生家长的关注。

（三）从存在的问题看

通过实证研究，农村的学生家长对政府治理教育乱收费的成效、减轻中小学生课业负担、撤村并校、素质教育成效、学校设置学生"尖子班"等因素的满意度较低，极端评价和意见也较多。这清晰地表明这 5 类城乡基础教育满意度因素，应当是宁夏当地政府和国家针对西海固地区农村基础教育需要进一步做好"人民满意的教育"工作的重点。

三 学生家长对提高城乡基础教育满意度的对策和建议

通过上述分析，本课题研究发现西海固地区学生家长对本地区城乡基础教育满意度的评价，基本上不受被调查者的性别、年龄、文化程度、寄宿制学校等变量的影响。这一结论证明城乡基础教育没有产生个性化效应。西海固地区的学生家长根据其需求状况，对城乡基础教育满意度评价具有一定的选择性，同时也存在需要解决"空校"的农村教育、城乡教育差距、优化资源配置、丰富课堂教学、提高教学质量等问题。因此，课题组认为西海固地区的城乡基础教育，今后应做好以下措施及对策：

（一）提高教师整体素质

培养一支高素质的教师队伍，是办好教育、提高教学质量的基石和决定教育改革发展成败、兴衰的关键。

一是加强教师职业道德建设。开展形式多样的师德教育活动，增强教师职业道德；加强教研和督导工作，以评价教师的师德师风来考核教师的职业操守；制定激励弘扬正气、表彰先进等措施，促进教师爱岗敬业、教书育人。

二是多形式、多渠道地抓好教师再培训。重点是加大地处农村学校、师资力量薄弱学校教师的职业再培训力度，充分发挥现代信息技术和计算机网络在教师培训中的作用，鼓励农村教师定期或不定期到城镇学校以及国外进修培训，逐步提高农村学校教师的职业能力和业务水平以及国际化视野。

三是建立和完善骨干教师下乡支援农村教育制度。鼓励更好更多的城镇教师到农村支教、指导教研，采取骨干教师定期流动下乡送教等形式，切实做好优秀教师的传、帮、扶活动，解决农村学校、薄弱学校的师资紧缺和整体水平欠佳的问题。

四是维护农村基础教育学校教师的尊严。大力改善农村基础教育学校教师的工作、居住、生活条件和工资及津贴待遇，及时补充师资短缺的农村学校，稳定农村学校、师资薄弱学校的教师队伍。

五是合理核定农村学校编制，做好学生与教职工的总量控制和结构调整工作，引导教职工从城镇学校和超编学校向农村学校和缺编学校合理流动。妥善解决兼职教师的编制问题。

（二）合理配置教育资源

认真落实国务院《关于规范农村义务教育学校布局调整的意见》精神，加大教育经费投入，优化资源配置，从硬件上缩小地区间、校际间的办学差距。杜绝教育不公、学校乱收费、行业不正之风甚至产生腐败等不良现象。

一要继续安排好专项经费，把教育资金优先投入到薄弱学校的建设上，给农村、贫困地区、少数民族地区的薄弱学校在经费、项目建设上政策倾斜、财力支持、物力支援，在软硬件资源投入上给予照顾。

二要切实加强基础设施建设，防止地区、学校间办学条件差距扩大，使每一所学校都能成为标准配置达标学校。特别要重视撤点并校后寄宿制学校的建设与管理，加大投入，改善薄弱学校的办学条件。

三要加快推进农村地区基础教育学校的标准化建设。把党的十八大提出"坚持公共教育资源向农村、中西部地区、贫困地区、边疆地区、民族地区倾斜"的任务真正落到实处。重点对待少数民族地区和老少边地区农村基础教育学校的不同情况，明确重点，分清轻缓等级，逐步推进，使西海固地区所有农村学校在教室、实验室、体育设施、现代化教育技术设备等方面尽快达到国家基本标准。

四要继续推进基础教育课程改革。以改善占我国人口大多数的农村基础教育为优先，加大农村学校课程改革的力度，让课程改革成为实施西海固地区农村学生素质教育的主渠道，积极植入新的教育理念和教学模式，挖掘民族地方学校的文化特色，使农村学校逐步从学校和学生以中考成绩为唯一追求目标和评价的标准，向基础知识和技能综合考核评价转变，全面提升整体的教育和教学质量。

五要规范农村地区办学行为。落实相关教育和教学的法制法规，加强教育监督部门的管理，依照国家教育相关部门规定的课程、课时计划，把农村学校的各种课程开全、办好。努力构建农村特色教学和适应学生的素质教育课程体系，注重培养农村学生的德智体能各方面的综合能力，确保农村学生具有较好的实践能力。高度重视校园文化建设，组织和开展创建文明校园、文明教师、文明学生、文明宿舍活动，营造健康文明的校园文化氛围，促进农村学生的精神文化建设。

（三）解决农村学生家长后顾之忧

在新时期我国加速推进城镇化的形势下，农村地区的教育逐渐会出现"空洞化"，特别是地处"苦瘠甲天下"的西海固地区的某些农村学校已出现"空校"现象。在这种"后撤点并校时代"情况下，抓好西海固地区农村学校的综合安全防范工作更为重要。

一要以农村教育布局调整的"实事求是、积极稳妥"为原则，让西海固地区农村学生就近入学，在交通不便的西海固地区保留教学点，防止农民群众子女因边远、贫困、上学不便造成学生辍学。

二要切实加强该地区农村学校的基础设施安全工作，牢固树立"安全第一"的意识，重点维修当地一些学校的简陋校舍，消除适龄儿童因路途遥远、寄宿求学可能出现的安全风险，确保学生的交通安全。

三要降低农民为培养孩子而加重的经济成本，保障农村学生的学习时间，定期检查寄宿学校的生活（包括住宿、饮食、卫生等）、娱乐等方面的工作。

四要加强"后撤点并校时代"寄宿制学校大额班学生的安全防范意识，核定农村寄宿制学校的专职教师编制，严格实行学校管理安全工作责任制和事故责任追究制度，保证师资的规范化管理。

第七章

日本农村闲置教育设施案例
对西海固地区办好基础教育的启示

人口迁移是人类发展和社会变迁的特征之一，它与社会诸多因素，如：政治、经济和文化，以及城市化和工业化等方面的变化有着紧密的联系。不同的历史时期，人口变化对社会的发展都有重大的影响。日本从 20 世纪 60 年代开始，由于经济发展的需要，大量农村劳动力向城镇过渡迁移，导致农村人口骤然减少，引起市町村合并。

日本由于城市化规模的扩大、农村地区的人口过疏和少子化等因素使一部分学校关闭，出现中山间地区农村学校教育的空洞化，影响了农村地区经济的可持续发展。

目前，我国农村，特别是宁夏西海固地区农村已经出现了"趋同"现象。农村人口过疏地区如何将废弃后的闲置教育设施转变成可利用配置资源为地区壮大经济效益和社会发展服务，已成为研究宁夏西海固地区乃至全国农村教育资源再分配的课题之一。

第一节　研究背景和研究方法及研究意义

随着日本人口的高龄化和少子化的趋势愈演愈烈，出现了许多城市人口过密、农村人口过疏现象，为了避免因农村人口的减少而给这些地区的经济带来更大损失，日本政府颁布了相关行政政策和金融支持政策，使一部分行政区域和政府职能部门合并，以保持这些地区的经济发展。

一　研究背景

以导致日本农村地区过疏化的人口迁移现状为切入点，以义务教育阶段的农村中小学校设施为研究对象，分析日本农村此类地区的教育设施随着功能转移给当地经济带来可持续发展的活力，探索研究如何使条件不利的农村地区发展经济、搞活教育，如何改造农村闲置校舍成为老人、儿童的福利设施，研究废弃校舍如何成为农村和城市的文化交流场地，如何成为城市居民实施农业生产体验的学习课堂，以及成为旅游设施、科研基地，同时，寻找将闲置的教育设施资源转化为社会教育基地和资源再生模式对我国解决相同领域问题的启示。

二　研究方法

运用人口社会学、教育学和计量经济学的理念与实际案例分析的方法，通过对日本的教育制度、特定地区的人口迁移的现状、教育设施的再利用等进行研究和分析，总结出为宁夏解决此类问题提供先进国家的事例的经验及对策。

三　研究意义

随着我国进入工业化和城市化的高速增长阶段，我国西北地区特别是宁夏西海固地区出现了农村人口过疏化现象。在分析和研究日本农村或欠发达地区人口"过疏化"地域分布特征的同时，对其人口特征、财政制度、教育设施等基础设施等进行调查，以揭示日本农村人口过疏化地区教育设施功能转变对地域经济振兴的作用。

针对日本农村地区的人口过疏化形成的原因、教育制度、政策机制、管理方式、日本全国的闲置教育设施的统计、农村地区闲置的教育设施的有效利用的成功案例以及我国农村地区教育面临的问题及应对措施进行对比研究，分析日本政府推出系列的教育改革对策、独具特色的地域政策体系和农村振兴模式，总结出日本解决农村地区过疏化教育设施功能转变问题的经验，目的是通过本课题研究，寻找出一条适合中国农村地区现在或将来，应对我国由于农村人口过疏化引起的教育设施的闲置而造成的资源浪费，谋求我国农村地区教育设施资源再生的模式或途径，为我国农村现在和今后地域振兴及构建和谐社会提供有益的借鉴，努力做好农村人口过疏化与教育设施功能转变相关课题深入研究，为政府相关部门制定决策提出可供参考的依据。

第二节　日本农村人口过疏化地域特征及形成原因

一　"过疏"概念的由来

"过疏"一词，最早使用于 1966 年 3 月。所谓"过疏"，是与"适疏"一词相对，而与"过密"一词相反。日本经济审议会在当年发表的报告中率先提出了与"过密"相对的"过疏"概念，认为在日本经济高速发展的进程中，"无论是民间部门的地域动向，还是人口的地域移动，都呈现出强劲的由后进地域向先进发达地域快速流动的趋向。这一流向虽然反映了经济社会向更高水准发展变化相适应的过程，但同时这一经济的地域发展变化也引发了无数的地域问题"。

二　"过疏"地域特征

因上述背景影响，在遇到"过疏"一词时，人们往往首先将其与人口问题相联系，认为其核心内容表现为地域内人口和户数锐减。但是，由于离乡者大多为年轻人，因而使得这些过疏地域较早地进入"老龄社会"，地域活力严重不足，生产规模缩小，农村财政能力低下，教育、医疗服务低下，消防活动难以为继，一些传统文化也面临消失境遇。因此，日本学界将"过疏化"地区的特点概括为：分布面广；自然条件和经济条件差；地方政府财源少；普遍高龄化。

（一）人口的数量问题

从过疏产生的现实背景看，过疏实际上是战后日本产业化、城市化以及随之而来的"空间重组"进程的必然产物。不能简单地将"过疏"理解为人口的减少，而应该将其置于特定的产业化、城市化背景下加以理解和分析。如果仅仅从人口流出的现象而论，从大正（1912—1926 年）末期到昭和（1926—1989 年）初期就有所谓"过疏"问题，但当时并无此概念。因此，日本学术界所称的"过疏"，实际上是指日本在工业化、产业化特定的社会变迁背景下产生的社会现象。

（二）人口的结构问题

在过去定义"过疏"时，往往强调其人口减少方面的意义，这样很容易引起对过疏问题的简单化、表面化理解。过疏化是一种极其复杂的社会现象，不仅表现为人口数量和地方财政危机的问题，同时也包括人口质量下降问题，即"老龄社会"问题。有的学者认为，在确立衡量过疏化尺度时，除了考察地方人口外流数量及地方财政收入情况之外，还应该对人口的质量进行评估。因为所谓过疏地域，实际是"年轻人外出，仅剩老人的地域。也就是说，由于这种地域已突进到老龄社会，必定会产生很多问题。因此，在过疏基准确立的问题上应该加上'老龄化比重'"。

（三）综合性问题

安达生恒认为，应把"过疏"概念作为生产和生活组织机构——村落的社会崩坏现象来加以把握，同时也应对包括孩子们在内的住民意识的衰退现象给予密切关注。在分析过疏问题时，要特别注意从地域的产业、生活和意识三个方面来加以全面分析和理解。

三　"过疏"形成原因

第二次世界大战后，伴随着日本经济的迅速崛起，日本现代化和城市化进程也大大加快，与其共生而来的是农村人口大量涌入城市，呈现出"I"型箭头状单向流动，所以农村出现人口"过疏化"现象。这一现象虽然突出地直接反映在农村与城市的人口分布上，但是，这是日本经济高速发展过程中地区间社会经济发展不平衡的一种表现。

1955 年以后，日本经济步入高速增长期，以农村（含山村、渔村）人口为主体的地方人口迅速被城市、特别是大城市所吸收。据统计，1960—1979 年，日本农业人口从 3441 万人减为 2196 万人，占总人口的比重从 36.8% 下降到 19.1%。

从日本农村人口"过疏化"现象产生的原因来分析，主要有以下几个方面：

（一）战后日本发展重心放在城市

第二次世界大战使日本经济遭受沉重打击。之后，日本政府在美国的扶持下将经济建设重心转在重建城市，把主要资本集中在东京、大阪、神户等大都市。这带来了两个结果：一方面扩大了城乡发展不均衡，拉大了二者之间的距离；另一方面城市经济的快速发展进一步吸引了农村居民，造成了大规模的人口流动。日本厚生劳动省人口动态统计月报年计显示，在1956—1970年的15年间，首都圈（东京、神奈川、埼玉、千叶）累计流入人口476万人，大阪圈（大阪、兵库、京都、奈良）流入人口210万人，名古屋圈（爱知、岐阜、三重）流入人口61万人，共计747万人流入大城市。

（二）工业现代化发展与产业结构升级

战后初期，根据社会经济发展的需要和国际经济环境的变化，日本首先进行了产业结构调整，即由第一产业向第二、第三产业转换，致力于重建产业以奠定自立式经济发展的基础，以煤炭、钢铁、电力、造船为重点产业，将有限的资金和原材料投入到重点产业，从而推动了整个工业的迅速回升，到1959年，日本经济全面恢复到战前1936年的水平。

20世纪60年代，日本进行了战后的第二次产业结构调整，大力促进产业结构升级，其主要特征是以重化工业为主导产业，全面、大量地引进重化工业技术，加大对技术成果的消化、吸收。1956—1973年的18年间，国民生产总值年平均增长率达到9.7%。其中，1959—1970年的12年间，有10年的增长率高达两位数以上。

伴随着日本工业化的发展和经济的高速增长，对劳动力的需求越来越大，于是劳动力由农村源源不断的流入城市，工业和其他非农产业的就业人口急剧增长。在1955—1971年的16年间，增加了1830多万人，达到了4340多万人，占就业总人数的比重从61%提高到85%；与此相反，农业劳动力从1600万人减少到760多万人。这就说明，日本战后如此迅速增长的劳动力，有一半以上是通过农村劳动力的大量转移而得到补充的。

（三）农村小块土地所有制

第二次世界大战后，日本进行了"农地改革"政策，把农业从寄生地主制转变为现代的自耕农，提高了农民的生产积极性，促进了农业的发展。但是，日本农村基本上以农民小块土地所有制为主，属于一家一户的分散经营模式。

据 1975 年统计，日本共有 477 万农户，其中不足 0.5 公顷耕地的农户占 41.3%，0.5—2 公顷耕地的农户占 52.2%，2 公顷以上耕地的农户只有 6.5%，这种小农经济性质的经营模式严重影响了农业机械化的利用，不仅不能充分发挥农业现代化的效能，还降低了农业生产率，而且在很大程度上阻碍了农民收入的增加。对他们来说，一般有两条道路可以选择，一是发展农户的兼业化，增加非农业收入；二是离开农村，到城市寻找发展机会。

（四）农民价值倾向的变化

在日本，城市和农村在空间和社会经济方面存在密切的联系，双方的交流非常紧密。而且，由于经济高速发展，各种宣传媒体的不断渗透、交通条件不断改进，使得城市与农村二者关系也更加密切。经过战后的经济高速增长，日本城市居民的收入普遍增加，消费水平和生活水平都有了大幅度的提高。这在一定程度上影响了农村居民的生活价值取向，他们越来越追求像城市一样的生活，"城市风"以惊人的速度席卷着农村，于是，大量农民离开农村，到城市寻找自己的生存空间。

第三节　日本农村过疏地区及闲置校舍政策

一　特殊政策

在过疏对策的演进过程中，日本在 20 世纪 60 年代的经济高速发展时期，通过行政手段促进过疏对策的实施。主要采取了诸如完善地域生活基础及公共设施、引进企业、扩大就业、防止产业资本外流、增强地域财政能力等措施。1970 年以后，生活在城市的人们的生活观念和价值取向发生了变化，一部分人开始向往乡村生活，回归农村，这对缓解过疏化产生了一定作用。

在日本过疏化的对策中，将着眼点放在了增大投资、加强基础设施建设等方面，通过增加投资规模、完善基础设施建设，来推动农村的城市化进程和工业化进程。实践证明，这些措施对农村经济的发展发挥了一定的作用。

相继制定和颁布了《过疏地域对策紧急措置法》（1970 年）、《过疏地域振兴特别措置法》（1980 年）及《过疏地域活性化特别措置法》（1990 年）等法规，构成了日本过疏对策演进的三个阶段，形成了复杂多元的"过疏对策"体系。过疏对策以解决过疏问题为直接目标，强调通过增强产业基础，实现农林渔业经营现代化，扶持中小企业，通过完善道路及与此相关的交通、通信设施等，加强过疏化地区内部及与非过疏化地区的通讯联系，提高过疏化地区的信息化水平。此外，通过改善生活环境，实现居民生活的稳定与福利水平的提高，并通过建设重点村落促进地区社会的重组。

上述政策的贯彻实施，使日本地域间发展不平衡的问题有所改善，直接推动了日本的地域协调发展，在一定程度上保障和促进了日本农村经济的可持续发展，具体体现在农村工业和城市化的大力发展上，基本上实现了农村工业化和现代化，城市化和城乡一体化进程大大加快。

二　财政制度向教育设施倾斜

文部省在明确学校设施改革方向的同时，也积极采取政策支持，进一步深化学校设施的改革。首先，在财政方面，通过实施财政补助制度，积极支持学校设施改革。按照日本相关的法律规定，公立学校设施的建设费应由学校所在地的各级地方政府负担，通过财政补助制度，体现了文部省对学校设施改革的支持力度。其次，除了实施财政补助制度外，文部省于 1991 年度开始实施了"关于制定学校设施建设指针的调查"，并制定了《学校设施建设指针》（以下简称《指针》）。

该《指针》基本上沿袭了 1988 年所发表的研究报告内容，从学生的学习和生活等方面，阐述了校舍、室内外体育设施和室外环境等有关整个学校设施的基本建设方针、规划及设计构想。其主要内容包括"建设高机能多用途灵活的学习环境""保障健康安全舒适的设施环境"和"建设作为地域居民终身学习的环境"。

虽然文部省制定的《指针》对地方政府没有法律约束作用，实际上却成了地方各级主管部门在进行学校设施新建和改扩建时的主要参照标准，起着方向性的指导作用。文部省实施的一系列举措，极大地促进了日本学校设施的改革，并收到了实效。

三　立法规范使用闲置校舍

随着出生率的下降，日本"少子化"问题日益凸显，过去投入大量经费而修建的优质校舍，因为学龄人口的减少而遭闲置废弃。为了解决这一问题，日本政府出台了具体措施，如《老人福祉法》《儿童福祉法》等，对闲置教室、校舍的利用做出了法律规定，规定由地方公共团体承担设施配备建设及所需资金。

一旦出现校舍资源闲置的情况，首先在各市、县、村教育委员会内成立"闲置教室活用计划策划规定委员会（临时名称）"，确定教室利用的基本方针和利用方式。如果国立中小学校舍挪作他用，原则上需要文部科学大臣的批准并缴纳一定费用。对于建成 10 年以上的学校设施，可以免费转为公用设施，不需缴纳费用。

利用教室时不只是简单地将闲置教室挪作他用，而是要重新对学校进行整体认识，以适应需要，将其作为学校设施使用列入优先考虑顺序。例如，建成儿童学习和生活的空间、教师进行上课准备的空间、管理空间、学校向社会开放的空间等。如果一所学校有较多的闲置教室，可考虑将学校撤销，积极地将校舍改造为社会教育设施。

为了促进农村和城市交流，将校舍改造成农业体验学习的旅居型活动设施，日本农林水产省、环境省、国土交通厅等多个部门进行合作，为利用闲置校舍提供了相关支持项目。

例如，农林水产省的"新山村振兴等农林渔业特别对策事业"中，就包括"根据地域的实情，活用废校促进山村和都市的儿童交流，使之成为提供自然体验学习和情操教育的场所"的规定，并提供一定的补助金。环境省实施了"自然体验型环境学习地点整备事业"项目。该项目支持将废校、废教室改造成室内活动、讲座、议事场所，设立"自然体验屋"。国土交通厅制订出"为有效活用人口过疏地域的空教室提供经费补助"规定，将之改造为都市人体验农村生活的旅社、体验学习场所以及当地村民的教育文化设施。厚生劳动省则负责将学校改造成老人、儿童的福利设施。例如，为了使因家长工作繁忙，放学后没人照看的小学低年级学生安全、健康地成长，一些闲置校舍建起了"放学后的儿童俱乐部"。还有些地方，由总务省的支持，根据当地的实际需要，将废弃校舍改造为信息远程工作中心，目的是为当地村民尤其是高龄者和残疾人提供信息通信系统。

第四节　日本学校设施改革与方针措施

一　两次教育改革

（一）向社会开放办学

20 世纪 70 年代以后，日本经济由高度增长期开始转入低速增长期，整个社会结构不断发生变化。为了适应社会发展的需要，中央教育审议会于 1971 年发表了《关于今后学校教育综合改革的基本方针》的教育改革方案，主张今后要"开展适合个人能力与特点的教育"，"开发和正确利用适合个人能力与特点的方法"，创造"根据能力进行区别指导的必要条件"，提倡"学校向社会开放"。此次教育改革虽然没有对学校设施改革提出具体的要求，但是，创造必要条件、改善教学方法和开放学校等主张，促进了学校设施的改革。

（二）教育方法的多样化

20 世纪 80 年代以后，日本政府为了进一步深化教育改革，成立了隶属总理大臣的临时教育审议会（该临时教育审议会于 1985—1989 年先后四次提出了教育改革方案），在总结日本教育存在的问题时指出："应试教育使教学活动陷入了僵硬的状态，出现了许多跟不上学业的学生。"现在的学校以教师为中心的观念较强，往往缺乏从学生的角度看待事物的态度，而且对家长和地域过于封闭，学校、家庭和地域之间的联系不足。

此次教育改革的要点为"重视个性的原则""向终身学习体系过渡"和"适应新变化"三个方面，并对学校设施的改革进一步提出了具体要求，即"应该从人性化的观点谋求教育条件的改善，在对包括室外环境在内的教育环境建设的同时，进一步充实这一环境，使之能够有利于学生的个性发展、教育内容的灵活性以及配合信息化实施教育方法的多样化"，"支援终身学习"。可以说，这次教育改革进一步推动了学校设施的改革步伐，为学校设施的改革指明了具体的方向。

二　学校设施的问题点

文部省（现改称为文部科学省）在阐述学校设施和学校教育的关系时指出："从学校教育的范畴讲，当然直接指导学生学习活动的教师是起着非常重要作用的。但是，学校设施也并不单纯是教育的场所，它同学生的成长发育有着密切的关系，同时作为育人的环境具有十分重要的作用。"

第二次世界大战后，随着教育基本法和学校教育法的颁布，日本的义务教育年限由战前的6年延长至9年。为了满足义务教育和就学人数增加的需要，在相当长的一段时间里，学校设施的建设任务主要集中在追求数量和扩大教室面积上，忽视了从教育环境的角度对学校设施的建设，正像文部省所指出的那样，"在战后这种特殊的状况下，无暇顾及学校设施的教育功能。另外，教师和学校相关人员对学校设施的关心普遍较低，可以说过去在学校设施建设方面，基本上没有反映出教师的意见和愿望。特别是以定型化的教室为前提的教育方法和办学方针也是阻碍学校设施变革的一个原因"。

随着国际化和信息化时代的发展，个性化教育和终身教育已成为教育改革的主要内容，学校教育的目标开始转移到如何发展学生的个性和培养学生的创造性方面上，为了实现这一教育目标，不仅需要教育内容的改革，同时也需要教育方法的多样化。然而，学校设施状况在很大程度上限制教育方法的改善。因此，重新探讨今后学校设施的发展方向已成为亟待解决的课题。

三 学校设施改革的方针措施

有资料显示，自1970年以来，日本文部省多次组织各方面专家和学者召开座谈会，听取社会各界的意见和建议，并于1985年成立了由专家组成的"关于适合教育方法多样化等的学校设施发展方向调查研究会"，对全国学校设施状况实施为期两年的调查，于1988年发表了研究报告。

该报告提出了日本学校设施改革的指导思想，其主要内容可以归纳为三个方面：一是学校设施要促使教育方法等的多样化。改革后的新型学校设施要有利于学生的个性发展，有利于多种学习指导方法、学习形态和教学模式的展开；二是要丰富教育环境。学校设施不仅仅是学习的场所，同时也是包括生活在内的教育环境，因此，把校舍建设成为一个能够激发学习欲望和促进自主学习的学校设施至关重要。三是增加学校设施的开放功能。教育改革目的之一是要"向终身教育过渡"，这就要求全社会应该积极为终身教育提供机会和创造条件。学校设施作为最贴近居民的学习设施，积极倡导学校设施要向社会开放将会促进终身教育的发展。这三个特点可谓是日本学校设施改革的方针措施。

四 日本全国的废弃教育设施状况

日本农村人口过疏化地区发生废校现象的主要原因有三个方面：一是由于农村地区人口大量迁移到城市而引起的过疏化致使儿童和学生减少；二是城市住宅向郊外迁移引起城市儿童和学生减少；三是社会人口的老龄化和少子化促使儿童及学生减少。其中，农村人口过疏化占的比例最大，为60%。但教育设施遭闲置和废弃的主要原因是儿童和学生的减少。

据日本文部科学省"废校设施等活用状况实态调查"统计，2011年公立学校（小学校、中学校、高等学校和特别支援学校）的废弃数字为474所。1992—2011年的20年间被废弃的公立学校，总数达6834所。

从 2002 年到 2011 年废弃的 4222 所学校建筑物中，被学校利用的有 2963 所，占 70.2%。主要是由社会体育、社会教育、体验交流、文化、老人福祉、保育院等儿童福祉以及民间企业的工厂或办公场所利用，其他还有住宿、特产专卖店和加工厂等。如将废校设施转作为保育院、高龄人员福利设施、体验交流设施和创业孵化设施等时，国家的部委会会给予一定的补助。

第五节　日本农村闲置教育设施案例
对西海固地区的启示

本书通过对日本全国闲置教育设施的统计分析，探讨了日本学校设施改革的发展动向。我们曾实地考察、调研了因农村地区人口过疏化于 2005 年 3 月停办、2009 年改建的岛根县饭南町小学校设施功能转变事例，走访、调研了利用废弃的教育设施、利用大量储存起来的积雪而建立的低碳型融雪低温食品储藏实验室，收集相关数据、获取了许多有益的资料。

下面重点分析饭南町小学教育设施功能转变的成功案例。

一　饭南町概况

饭南町（日语称为：いいなんちょう），是在 2005 年 1 月 1 日由顿原町和赤来町两个地区合并而成。据 2012 年岛根县人口统计数据，现有人口 5520 人、2164 户，面积有 242.84 平方千米（东西 32 千米、南北 32 千米）、大约 90% 是山林或平地，有小学校 4 所、初中 2 所、高中 1 所。地处岛根县的中南部，与广岛县接壤，是日本的中国地区（日本的一个区域名称，其他还有如：关东地区、关西地区、九州地区等）山地的最高处，周围大约 1 千米有琴引山和大万木山等相围，平坦地海拔约为 450 米的高原地区。南端的女龟山是日本神户川的源头，向北流去；山谷地区向南奔流的盐谷川注入大海。该地方历史悠久，古代时曾横跨出云、石见、备后三国，作为连接日本山区与内地的要道从很早开始就被开发，因风箱制铁和出产优质大米而闻名（见表 7-1 至表 7-5）。

表7-1　　　　　　　　　岛根县饭南町人口统计　　　　　　　单位：人

年份	户数	人口		
		总人口	男	女
1960	2699	13010	6544	6466
1965	2558	11441	5646	5795
1970	2412	9163	4450	4713
1975	2329	8180	3947	4233
1980	2246	7771	3787	3984
1985	2208	7650	3740	3910
1990	2178	7331	3542	3789
1995	2093	6893	3326	3567
2000	2139	6541	3173	3368
2005	2066	5979	2878	3101
2012	2164	5520	—	—

数据来源：岛根县 http://www.iinan.jp,《国势调查》。

表7-2　　　　　　　　岛根县饭南町的人口动态变化　　　　　　单位：人

年份	自然动态			社会动态					人口增减
	出生	死亡	增减	县外转入	县内转入	县外转出	县内转出	增减	
2001	48	87	▲39	116	110	120	147	▲41	▲80
2002	42	90	▲48	129	89	108	123	▲13	▲61
2003	32	96	▲64	110	125	116	115	4	▲60
2004	29	95	▲66	96	93	106	102	▲19	▲85
2005	37	111	▲74	71	71	108	106	▲72	▲146
2006	38	108	▲70	80	63	103	85	▲45	▲115
2007	32	104	▲72	86	64	122	83	▲55	▲127
2008	38	122	▲84	92	85	114	92	▲29	▲113

注："▲"，表示人口负增长。

数据来源：http://www.iinan.jp,《岛根の人口移動と推計人口》。

表7-3　　　　　　　　　　**岛根县饭南町学校统计数**　　　　　　　单位：个

地区名称	小学	初中	高中
赤名	1	1	
来岛	1		1
顿原	1	1	
志々	1		
合计	4	2	1

数据来源：http://www.iinan.jp。

表7-4　　　　　　　　　**岛根县饭南町小学学生统计数**　　　　　　单位：人

年级	赤名小学			来岛小学			顿原小学			志々小学		
	男	女	合计	男	女	合计	男	女	合计	男	女	合计
一	5	7	12	4	4	8	4	5	9	1	4	5
二	6	6	12	8	6	14	10	4	14	3	1	4
三	12	6	18	11	6	17	8	7	15	2	0	2
四	10	4	14	5	4	9	7	5	12	2	0	2
五	6	3	9	12	5	17	6	6	12	1	4	5
六	12	2	14	3	9	12	5	5	10	2	1	3
合计	51	28	79	43	34	77	40	32	72	11	10	21

数据来源：http://www.iinan.jp。

表7-5　　　　　　　　　**岛根县饭南町初中学生统计数**　　　　　　单位：人

年级	赤来中学			顿原中学		
	男	女	合计	男	女	合计
一	7	16	23	12	6	18
二	8	15	23	14	6	20
三	13	17	30	18	13	31
合计	28	48	76	44	25	69

数据来源：http://www.iinan.jp。

二　农村教育设施的功能转变

日本山区岛根县农村的饭南町小田小学，始建于1880年，但是进入

20世纪80年代以后，随着学校周围人口的大量迁移、人口老龄化等原因，该学校于2005年3月停学。2009年，作为促进城市及当地居民交流的基地设施，政府对其进行了改建（见照片7-1至照片7-4）。

照片7-1　故乡回想馆

照片7-2　遥想当年

照片7-3　生活再现

照片7-4　回归自然

　　校舍的一楼作为当地的办公设施。以向后人传达地域文化为目的，将二楼改建成"故乡回想馆"展室，展示了从日本20世纪40年代开始的生活、教育文化和历史等相关的用具实物。另外，用纪录片制成光盘，以"回想疗法"传达"治疗"和"平静"的意欲，促进农村与城市居民的交流。还建有"农林业教室""生活游戏教室""学习场景"等，反映了在社会急速变化的背景下，农村的生活方式和农村学校发生的巨变

照片 7 - 5　废弃学校设施　　　　　　照片 7 - 6　教育设施再利用

（见照片 7 - 5、照片 7 - 6）。

三　实施措施

废弃小学校舍的再利用，从规划到完成的整个过程中，始终遵循着这样一种程序，即"教育活动对设施功能的提出→建筑师对设施功能的归纳→研究会对整个规划设计方案的确定"，而且在每个阶段内都要经过反复探讨。除小学外，町内其他学校也都是按照这样一种方式对各自的设施进行规划设计的。像这种官民协作、多方位、多角度地对学校设施进行周密规划设计的方法，可谓是学校设施改革的主要特点之一。

虽然学校设施建设是属于地方政府的主管部门，但是按日本的地方行政法规，地方自治团体的管理部门不能侵犯教育行政的独立性。在这种情况下，学校设施的建设工作完全委托给町教育委员会，同时委托当地的建筑师成立"学校设施研究会"。

"学校设施研究会"，主要成员包括建筑师，国立教育研究所研究员，町立中小学、文部省指导科、县教育委员会、町教育委员会及町的主管科室等相关人员。主要分工：建筑师从现代建筑学角度，负责学校设施的整体规划和设计工作；国立教育研究所研究员的任务是从教育学角度，阐述当前教育改革内容与学校设施之间的关系，介绍开放型学校的特点；各中小学根据学校的实际状况，从教学活动方面提出各自的意见和构想；

文部省指导科主要是承担财政补助项目及标准方面的指导；县和町教委负责研究会日常运转的协调和联络工作等。

四　转变模式

日本社会教育与学校教育都由文部科学省统一管理，形成了一套完善的社会教育体系。日本的每个居民社区都有公民馆、图书馆、体育馆、博物馆等社会教育设施，这些设施由市民的税金修建，又服务于市民。市民经常在附近的公民馆学习外语，学习健康生活知识，公民馆还举办书法绘画展，图书馆免费向居民开放，供读者看书学习，体育馆锻炼身体等，既提高了居民的文化素质又丰富了生活，还增进了人们的交流，使生活充实而安心。日本的大众健身普及得也很好，体育馆有专门的教练及保健医生，用正确科学的方法指导市民健身。

通过上述日本对处理闲置校舍资源的经验案例，我们可以看出，将农村的闲置校舍资源转化为社会教育（成人教育）设施，在日本已成为一种固定的模式。他们在利用闲置教室、校舍时，首先考虑让其在学校教育系统内部发挥作用，其次才考虑让其发挥社会教育功能。日本的这一经验有利于建设节约型社会、学习型社会和资源循环型社会，可以充分起到缓解人口与资源、环境的矛盾的积极作用。

五　启示

日本社会人口的"高龄化"和"少子化"现象严重，加上农村地区人口的"过疏化"和"空洞化"而导致的许多学校陆续被废弃的现象也已是不争事实。在此背景下，日本政府以个性化教育和终生式教育为理念实施了学校教育设施改革，将其农村地区的闲置校舍资源转化为社会教育培训机构或社会经济活动场地，这个成功经验充分体现了提升教育设施附加价值的作用，有利于实现闲置的学校教育设施、特定化的社会教育设施和文化设施等的资源重组一体化，做到资源再利用、效益最大化，使其建设成为给百姓提供终身学习、接受再教育的社会福利设施，也更加有利于建设节约型社会、学习型社会和资源循环型社会。西海固地区可以借鉴日本有效转化和充分利用农村闲置教育设施功能的经验，把农村建设成为能"叙乡愁""听乡音""话乡情""品乡味"的美丽乡村，同时，日本经验还为西海固地区能有效解决因农村人口异地搬迁后而面临的基础教育设施功能转变、闲置教育设施的高效利用、乡村教育与乡村振兴的有效衔接等问题提供了参考依据。

西海固地区在改革开放以后，伴随农民工进城务工，出现了其家属和子女的随迁现象，呈现出农村地区的人口出生率和农村在住人口数量持续降低，农村的学生数量也随之不断下降。因此，西海固地区依据国家有关政策对农村义务教育学校、教学点重新进行了布局调整和撤并。这虽然改善了当地的办学条件，优化了教师队伍配置，提高了办学效率和教学质量，但由于当地义务教育学校、教学点的减少，有的地方对学校撤并的认识不足，对被闲置的教育设施再利用规划不完善，设施归属操作程序不规范，保障措施不到位，出现了基础教育"城挤、乡弱、村空"的危局[1]，影响了该地区教育事业的健康发展。

我国为了解决城镇化、工业化进程对农村带来的学龄人口数量不断减少和教育资源闲置等问题，国家出台政策对调整学校布局和优化教育资源配置做出了明确规定。比如，2001年颁布的《国务院关于基础教育改革与发展的决定》中指出，要因地制宜调整农村义务教育学校布局，调整后的校舍等资产要保证用于发展教育事业。2006年，教育部发布的《关于实事求是地做好农村中小学布局调整工作的通知》中规定，对于确需调整的学校，调整后的教育资源应主要用于举办学前教育、成人教育等机构；确实闲置的校园校舍，应由县级教育行政部门统一处置，处置所得应用于当地发展义务教育。

因此，西海固地区应结合我国实施的因地制宜调整农村义务教育学校布局和处置闲置教育资源的政策，大胆地借鉴日本教育改革的"重视个性的原则""向终身学习体系过度"和"适应新变化"经验，对西海固地区仍有利用价值的废弃学校的教育设施加以维护和充分利用，真正做到废而不弃、变废为宝，可以设立儿童学习和辅导教室、农林业技术培训教室、生活技能培训教室，开展城市居民体验式学农、务农等教育，

---

[1]　杨东平：《中国教育发展报告》，社会科学文献出版社2012年版。

招商引进城市或农村有能力的经营者到西海固地区利用闲置教育资源，开办职业教育、拓展训练、旅游文化、民宿旅社、农家乐等教育和配套服务项目，吸引城市人口移动到该地区接受专项素质教育，扩大市民与农民间的文化和教育交流，促进教育消费升级，加强教育设施资源管理，提升闲置学校教育设施的再利用率，实现该地区教育设施的零闲置率，增加当地的国有集体收入和居民个人收入，改善居民生活水平，进而反哺当地办好基础教育，推动基础教育事业稳步发展。

第六节　小结、对策和建议

一　小结

我们由以上内容分析后看出，日本的工业化和现代化的发展是以牺牲农业为代价的，与我国的现状相比，"三农"问题、农村基础教育问题也已经成为日本经济和社会发展体系中的一个薄弱环节。日本也曾因为农村大量劳动力外出谋生，特别是农村中青年人单向涌入城市的外流，导致农村尤其是贫困地区山村因失去年轻人而丧失活力，人口急剧下降，出现了农村人口的"过疏化"和撤村并校后农村基础教育的"空心化"问题。因此，参照和借鉴日本在处理人口"过疏化"、教育"空心化"地域问题，以及在解决进入"老龄社会"的背景与条件下的经验和教训，对我国如何消除农村"993861（老年、妇女、儿童）部队"现象，制定"老龄对策""农村妇女对策"和"留守儿童对策"等政策或措施，寻找当代农村如何振兴人口过疏地域经济、社会的主体力量和可持续发展，就成为一个针对"三农"问题是应该由政府主导？还是应该由市场主导？该由谁来决定的、亟待解决的问题。

二　对策和建议

目前，随着我国相当数量的农村中小学校被调整、撤并，"村村有小学"的格局正在被彻底改变，人口过疏地区的学校从此在自然村落中消逝，出现了大面积的闲置校园校舍。针对这一现象，2012年，《国务院办公厅关于规范农村义务教育学校布局调整的意见》下发，按照这一文件精神，应进一步加强和规范农村教育设施管理，重点抓好以下几个方面工作：

（一）加强政府管理职能

按照"以县为主，分类指导，依法处置，保护权益"的原则，进一步改进和完善"废校"再利用工作，尽快研究制订"废校"资产再重组和再利用促进办法，明确农村中小学闲置校园校舍处置利用的原则、程序、标准和税费减免等有关优惠政策，规范处置行为，建立长效机制，以严谨、科学、负责的态度来对待农村教育闲置资源，统筹兼顾。根据闲置校舍的利用价值、产权归属等情况，对国有资产、集体资产以及混合型资产分类指导，维护各权属主体和原出资（含捐资）者的权益，对闲置校园校舍进行集约化、多功能改造与处置，使得农村闲置校园校舍在新农村建设和中国农村乡土文化的保存与创新中焕发生机。

（二）做好资产管理整顿

应成立相应的专门机构，对出现闲置校舍的学校逐校进行摸底排查、登记造册，全面掌握闲置学校的状况，落实使用管理职责，防止校舍失管失修、闲置荒废。根据闲置校园校舍的利用价值、产权归属等实际情况，寻求最合理的利用方式。对没有纠纷的闲置校产，应优先在教育系统内划转使用，比如优先用于发展学前教育，或用于农村医疗卫生站、养老院或文化场馆等公共服务。对产权有争议的闲置校产，按照"先利用，后确权"原则，在征求群众同意的基础上，先用起来，再开展产权梳理确认工作。对公共服务难以利用的，遵从民意可通过置换、变卖、出租等方式获得收益，在偿还学校债务后按投入比例进行分配。对年久失修、建筑质量差的校舍，应尽快拆除，消除安全隐患。

（三）合理利用国有资源

由国家和地方主管教育部门、国有资产管理部门，实行阳光操作，根据实际，按照法定程序公开处理，最大限度地减少不和谐因素。结合所在乡镇人民政府、所在村委会，从实际出发进行合理利用。优先保证用于发展教育事业，大力兴办幼儿教育，提升全市学前教育办园水平；着力兴办农村成人教育，办成"新农村大学堂"、村级文化技术学校、村级文化大院等；重点兴办勤工俭学基地，开展农村劳动力转移培训、实用技术推广和社区教育，提高农民的科技文化水平；作为合并后学校的校外教育活动基地，鼓励发展农村社会公益性事业。不宜发挥以上作用的，应由上级教育部门和国有资产管理部门以书面的形式委托村委会管理。任何单位和个人不得随意侵占、变卖校产。只有合理地再利用农村"废校"设施，才能充分体现学校教育的社会公益功能和公共服务职能，更好地获得经济、社会效益，提升国有资产和资源的附加价值，促进城乡一体化统筹协调的发展。

参考文献

一　中文

（一）著作

21 世纪教育研究院：《2008 年度中国主要城市公众教育满意度调查，中国教育发展报告（2009）》，社会科学文献出版社 2009 年版。

21 世纪教育研究院：《2009 年度中国主要城市公众教育满意度调查，中国教育发展报告（2010）》，社会科学文献出版社 2010 年版。

本书编写组：《党的十九大报告学习辅导百问》，党建读物出版社、学习出版社 2017 年版。

陈向明：《学校发展计划与学校自主发展——"西部基础教育发展项目"的经验与反思》，北京大学出版社 2008 年版。

［日］番场博之：《日本商业高中》，王国辉、林师敏译，人民教育出版社 2014 年版。

樊纲、王小鲁：《中国市场化指数》，经济科学出版社 2002 年版。

龚六堂：《经济增长理论》，武汉大学出版社 2000 年版。

韩俊：《调查中国农村》，中国发展出版社 2009 年版。

金莲：《中国贫困地区的教育与发展》，中国财政经济出版社 2009 年版。

李苓：《宁夏哲学社会科学发展综合研究报告》，宁夏人民出版社 2013 年版。

李盛刚：《中国西部民族地区农村发展：基于自我发展能力研究》，民族出版社 2010 年版。

李卫东：《应用多元统计分析》，北京大学出版社 2008 年版。

李子奈、叶阿忠：《高等计量经济学》，清华大学出版社 2000 年版。

刘思峰、谢乃明等编著：《灰色系统理论及其应用》，科学出版社 2013 年版。

刘小鹏：《区域经济分析与规划研究》，宁夏人民出版社 2005 年版。

宁夏回族自治区教育厅编：《宁夏回族自治区教育统计手册》，2006—2017 年版。

宁夏统计局、国家统计局宁夏调查总队：《宁夏统计年鉴》，中国统计出版社 2013 年版。

［日］寺田盛纪：《日本职业教育》，陈俊英、马丽华译，人民教育出版社 2014 年版。

唐振福：《日本教育国际化战略研究——基于公私二元结构路径的视角》，经济科学出版社 2012 年版。

汪辉、李志永：《日本教育战略研究》，浙江教育出版社 2013 年版。

王冲：《中国西部经济增长质量与农村人力资源开发》，人民出版社 2012 年版。

王嘉毅、吕国光：《西北少数民族基础教育发展现状与对策研究》，民族出版社 2006 年版。

王嘉毅、王慧、常宝宁：《西北地区农村教育课程改革研究》，教育科学出版社 2009 年版。

王玉珊：《日本教育及其在经济发展中的作用研究》，中国社会科学出版社 2012 年版。

温涛、宋乃庆、王煜宇：《中国西部农村教育与经济协调发展问题研》，西南师范大学出版社 2009 年版。

杨东平：《中国教育发展报告（2012）》，社会科学文献出版社 2012 年版。

杨东平：《中国教育发展报告（2009）》，社会科学文献出版社 2009 年版。

杨军：《西北少数民族地区基础教育均衡发展研究》，民族出版社 2006 年版。

袁桂林：《西部农村基础教育行动研究》，人民教育出版社 2011 年版。

张玉琴：《日本高等教育均衡发展研究》，河北大学出版社 2014 年版。

周瑞海：《回顾探索发展——宁夏回族教育 50 年》，宁夏人民出版社 2001

年版。

朱玲莉：《日本近世寺子屋教育研究》，中国社会科学出版社 2010 年版。

（二）期刊

安康：《河北省高等教育规模与经济增长的协整分析》，《科技情报开发与经济》2007 年第 1 期。

包智明：《关于生态移民的定义、分类及若干问题》，《中央民族大学学报》2006 年第 1 期。

陈国明、余彤：《跨文化适应理论构建》，《学术研究》2012 年第 1 期。

陈晶：《区域生态补偿视阈下宁夏生态移民可持续发展问题研究》，《甘肃农业》2014 年第 12 期。

程冬旭：《我国高等教育和初等教育与经济增长的实证研究》，《重庆文理学院学报》（自然科学版）2006 年第 3 期。

程连生、冯文勇：《太原盆地东南部农村聚落空心化机理分析》，《地理学报》2001 年第 4 期。

崔玉平：《中国高等教育对经济增长率的贡献》，《教育与经济》2001 年第 1 期。

单中惠：《当代英国基础教育政策及其影响浅析》，《外国教育研究》2007 年第 2 期。

邓霜娇：《第三期〈教育振兴基本计划〉政策内容分析及对我国的启示》，《现代中小学教育》2019 年第 11 期。

冯文全、夏茂林：《当前农村教育资源的使用效率问题及解决的基本思路》，《兰州学刊》2006 年第 1 期。

何芳、周璐：《基于推拉模型的村庄空心化形成机理》，《经济研究》2010 年第 8 期。

和学新：《"人民满意的教育"的评估指标研究》，《教育科学研究》2009 年第 1 期。

黄福仁、黄美红：《如何利用好农村闲置校舍》，《教育观察》2008 年第 4 期。

焦必方、孙彬彬：《日本的市町村合并及其对现代化农村建设的影响》，《现代日本经济》2008 年第 5 期。

解垩：《高等教育对经济增长的贡献：基于两部门内生增长模型》，《清华大学教育研究》2005 年第 5 期。

李乃涛：《移民文化的形态演变》，《人文岭南》2017 年第 74 期。

梁福庆：《中国生态移民研究》，《三峡大学学报》（人文社会科学版）2011 年第 7 期。

廖志刚：《浅析我国农村基础教育现状》，《科教导刊（上旬刊）》2013 年第 11 期。

林海亮：《欧盟基础教育政策的实施研究》，《外国中小学教育》2016 年第 1 期。

林海亮：《欧盟基础教育政策的主要内容、实施路径及影响》，《基础教育》2013 年第 6 期。

刘国海：《农村基础教育现状及策略研究》，《中国校外教育》2014 年第 2 期。

刘学敏：《西北地区生态移民的效果与问题探讨》，《中国农村经济》2002 年第 4 期。

刘彦随、刘玉、翟荣新：《中国农村空心化的地理学研究与整治实践》，《地理学报》2009 年第 10 期。

刘有安、张俊明：《民族学视野下的移民"文化适应"研究——以宁夏南部的汉族移民为例》，《黑龙江民族丛刊》2007 年第 5 期。

刘志山：《2015 年移民文化研究新生长点》，《人文岭南》2015 年第 57 期。

刘志山：《移民文化研究与建设的三个维度》，《人文岭南》2013 年第 33 期。

皮海峰、吴正宇：《近年来生态移民研究述评》，《三峡大学学报》（人文社会科学版）2008 年第 1 期。

蒲云杰：《对西部农村基础教育现状对策的思考》，《科学咨询（教育科研）》2017 年第 4 期。

宋华明、王荣：《高等教育对经济增长率的贡献测算及相关分析》，《高等工程教育研究》2005 年第 1 期。

孙超、谭伟：《经济增长的源泉：技术进步和人力资本》，《数量经济技术经济研究》2004 年第 2 期。

王善安、杨晓萍：《关于在我国农村引入学前教育券的思考》，《天津市教科院学报》2008 年第 3 期。

王淑莲、陈婧：《宁夏回汉生态移民文化适应研究及对策》，《知识经济》2017 年第 5 期。

王瑜、叶雨欣：《20 世纪以来美国基础教育扶贫政策公平价值观述评》，《广西师范大学学报》（哲学社会科学版）2019 年第 3 期。

叶茂林、郑晓齐、王斌：《教育对经济增长贡献的计量分析》，《数量经济技术经济研究》2003 年第 1 期。

余广俊：《农村基础教育资源的整合和优质教育资源的开发》，《教学与管理》2008 年第 8 期。

藏志勇：《教育设施功能转变与社会需求视域下的西海固地区农村基础教育研究》，《山西农经》2017 年第 10 期。

藏志勇：《宁夏西海固地区农村撤村并校与教育资源配置对策研究》，《新课程》2017 年第 11 期。

藏志勇：《宁夏西海固地区生态移民的文化适应研究》，《时代教育》2017 年第 12 期。

张力：《中国教育绿皮书：中国教育政策年度分析报告》，2008 年。

张玉永、刘丽彩：《20 世纪美国基础教育资源配置中的制度变迁分析及启示》，《现代教育科学》2009 年第 4 期。

张忠山：《小学生家长对学校满意度研究》，《上海教育科研》2003 年第 3 期。

赵晋芳、范月玲、曾平：《多分类有序 Logit 模型资料平行线假设及检验方法》，《中国卫生统计》2009 年第 26（01）期。

二　英文

Robert M. Solow, A Contribution to the Theory of Economics Growth, Quarterly Journal of Economics, 1957 (2).

Schultz, Investment in Human Capital, American Economic Review, 1961 (1).

Denison, E. F. , The Sources of Economic Growth in the United States and the Alternatives before Us, Mittee for Economic Development, 1962.

Becker, Gary Stanley, Human Capital: A Theoretical and Empirical Analysis with Special Reference to Education, National Bureau Economic Research, 1964.

Romer, P. M. , Endogenous Growth and Technical Change, Journal of Political Economy, 1990 (3).

Lucas, R. , On the Mechanics of Economic Development, Journal of Monetary, 1988 (7).

Mankiw, N. G. , The REincarnation of Keynesian Economics, European Economic Review, 1992 (4).

Barro, R. J. , Economic Growth in a Cross Section of Countries, Quarterly Journal of Economics, 1991 (5).

Barro, R. J. , Determinants of Economic Growth, MIT Press, 1997.

Haveman, R. H. Wolfe, B. L. , Schooling and Economic WellbEIng: The Role of Nonmarket Effects, Journal of Human Resources, 1984 (3).

B. Wolfe, Haveman, R. H. , Accounting for the Social and Non – market Benefits of Education, Symposium on the Contribution of Human and Social Capital to Sustained Economic Growth and Well Being, 2000 (3).

三　日文

伊藤善市：《過疎地域に対するいくつかの見方》，中央公論，1967 年。

安達生恒：《過疎地帯の農業経営と生活》，地上，1967 年。

島根大学・寧夏大学国際共同研究所：《中国農村における持続可能な地域づくり》，今井出版，2017 年。

北脇秀敏、金子彰、岡崎匡史：《国際化発と内的発展》，朝倉書店，2014 年。

尾吹善人、藤井俊夫：《教育基本法規集》，有斐閣新書，1980 年。

矢野真和：《高等教育の経済分析と政策》，玉川大学出版社，1996 年。

中曽根康弘：《論争：教育とは何か》，文春新書，2002 年。

学校教育研究所：《これからの義務教育と学校力の構築》，学校教育研究所，2007 年。

高妻紳二郎：《新・教育制度論 教育制度を考える15の論点》，ミネルヴァ書房，2014 年。

小川啓一：《国際教育開発の再検討途上国の基礎教育普及に向けて》，東信堂，2008 年。

近藤ブラウン妃美：《日本語教師のための評価入門》，くろしお出版，2012 年。

今井幸彦：《日本の過疎地帯》，岩波書店，1968 年。

内藤正中：《過疎と新産都》，今井書店，1968 年。

森岡清美：《新社会学辞典》，有斐閣，1993 年。

下村哲夫：《教育法規便覧》，学陽書房，2004 年。

益田庄三：《村落社会の変動と病理—過疎村の実態》，垣内出版株式会社，1979 年。

四 新闻媒体信息

教育振興基本計画，文部科学省，http：//www. mext. go. jp。

学制百二十年史，教員及び教員養成，文部科学省，http：//www. mext. go. jp。

義務教育の構造改革，文部科学省，http：//www. mext. go. jp。

子どもの貧困対策の推進に関する法律，文部科学省，http：//www. mext. go. jp。

子供の貧困対策に関する大綱，文部科学省，http：//www. mext. go. jp。

我が国の教育費負担に関する支援，文部科学省，http：//www. mext. go. jp。

张春海：《努力塑造文化共同体》，中国社会科学网，http：//www. cssn. cn。

傅才武：《推动乡村文化共同体与经济共同体协同共建》，中国社会科学网，http：//www. cssn. cn。

中共中央办公厅、国务院办公厅：《关于实施中华优秀传统文化传承发展工程的意见》，https：//baike. so. com。

郗戈：《文化认同建构：理论透视与现实推进》，中国社会科学网，ht-
tp：//www. cssn. cn。

李燕燕：《凝聚移民群体的文化向心力》，中国社会科学网，http：//
www. cssn. cn。

教育部，全国共有多少学校？搜狐网，https：//www. sohu. com。

李晓芹：美国基础教育政策的发展及启示，维普网，http：//c. 360webcache.
com。

中华人民共和国教育部，政策解读，教育部网，http：//www. moe. gov. cn。

陈宝生：《学习习近平教育思想体会》，光明思想理论网，http：//theo-
ry. gmw. cn。

致　　谢

时光荏苒，《宁夏西海固地区生态移民进程中农村基础教育取向研究》课题终于进入了结题阶段。回首课题研究以来的历程，我们亲历了从事课题研究所走过的调研时的煎熬、顺利推进时的喜悦、发表阶段性成果时的兴奋、繁杂事项干扰时的无奈和填写延期申请书时的懊悔。

此课题研究期间，我们得到了自治区内外相关专家学者的理论和实践上的指导与答疑解惑，为我们提供数据论证方面的鼎力支持和帮助。在此，课题项目主持人和课题组全体成员向他们表示深情的敬意和由衷的感谢。同时，在精神方面，感谢我们课题组成员的全力配合与大力协作，是你们给予了课题研究有力保障。感谢我们课题组成员的家人在外出调研、整理统计数据和撰写阶段性成果的进程中给予我们的理解和关爱。

我们深深地体会到，我们的探索和尝试还有很多不尽如人意的地方，敬请各位领导和专家不吝赐教，我们将虚心学习、继续努力，以更加饱满的热情和认真的科研态度做好今后的每一项工作，争取更大的进步和更多的收获。

宁夏大学

《宁夏西海固地区生态移民进程中农村基础教育取向研究》

课题组

附 录

《宁夏西海固地区生态移民进程中农村基础教育取向研究》调查问卷

附录 调查问卷用表

附录1 《宁夏固原地区农村教育资源配置问题研究》调查问卷

尊敬的老师、同学：你好！

针对宁夏固原地区农村学校教育资源相关问题，宁夏大学课题组拟开展专题学术研究和分析，非常感谢您的支持和理解。

谢谢！

宁夏大学课题组

2013 年 4 月 26 日

表1 在校学生统计 单位：人

	总人数	男学生数	女学生数	比 例
一年级				
二年级				
三年级				
四年级				
五年级				
六年级				
合 计				
备 注				

表2　　　　　　　　　**学生父母受教育程度统计**　　　　　　単位：人

	家庭数	高中	初中	小学	半文盲	文盲
一年级		（　）	（　）	（　）	（　）	（　）
二年级		（　）	（　）	（　）	（　）	（　）
三年级		（　）	（　）	（　）	（　）	（　）
四年级		（　）	（　）	（　）	（　）	（　）
五年级		（　）	（　）	（　）	（　）	（　）
六年级		（　）	（　）	（　）	（　）	（　）
合　计		（　）	（　）	（　）	（　）	（　）
比　例		（　）	（　）	（　）	（　）	（　）
备　注	表中括号内数值为母亲人数。					

表3　　　　　　　　　**学生家庭子女数统计**　　　　　　単位：户

	家庭数	五人或 五人以上	四人	三人	两人	一人
一年级						
二年级						
三年级						
四年级						
五年级						
六年级						
总　计						
比　例						
备　注	在校学生中一户有　个孩子是普遍的，　个或　个以上是常有的。					

表4　　　　　　　　　**学生住所与学校间距离统计**

	10 人以内	20 人以内	25 人以内	30 人以内	35 人以上
1 公里以内					
2 公里以内					
3 公里以内					
4 公里以内					
4 公里以上					
总　计					
比　例					

表5 　　　　　　　　学生家庭年人均经济收入统计　　　　　单位：元

	2000	3000	4000	5000	6000	10000 以上
一年级						
二年级						
三年级						
四年级						
五年级						
六年级						
总　计						
比　例						

表6 　　　　　　　每户家庭学生每人年均教育投入统计　　　　单位：元

	200	300	400	500	600	1000 以上
一年级						
二年级						
三年级						
四年级						
五年级						
六年级						
总　计						
比　例						
备　注						

表7 　　　　　　　　　行政村人口动态统计　　　　　　　单位：人

年　份	村民	外出务工	在校学生	留守儿童
2003				
2005				
2007				
2009				
2011				
2012				

附录 2 宁夏西海固地区城乡公众基础教育满意度调查问卷（学生家长用表）

您好！

为了探求宁夏西海固地区城乡民众对改善教育的渴求程度，分析当地城乡公众的教育满意度，反映当前西海固地区农村基础教育的现状，加强和完善基础教育的相关措施，现向您咨询、问卷。

我们郑重的向您承诺：此问卷只用于本课题研究，决不转作他用，为您严守个人信息。

谢谢您的合作！

调研地点：＿＿＿＿＿＿＿市/县＿＿＿＿＿＿＿＿乡/镇/村 调研日期：20 年 ＿ 月 ＿ 日

姓 名：＿＿＿＿＿ 性别：男/女 年龄：＿＿＿岁 文化程度：＿＿＿＿ 问卷编号：＿＿＿联系方式：＿＿＿＿＿＿＿

一 教育总体情况满意度

您对本地教育总体情况的满意度：

（ ）非常满意；（ ）比较满意；（ ）一般；（ ）不太满意；（ ）不满意。

地区	非常满意	比较满意	一般	不太满意	不满意
西吉县第三中学					
隆德县高级中学					
隆德县第二中学					
隆德县第四中学					
原州区					
回民中学					
头营小学					
总数					
所占比率					

二 本地学校表现最突出的问题

您认为本地当前学校里有哪些问题最突出？

1. _____ 。

2. _____ 。

3. _____ 。

三 当前应当最优先解决的教育问题

您认为当前应当最优先解决的教育问题：

1. _____ 。

2. _____ 。

3. _____ 。

四 教育满意度评价分项指标体系

（一）教育公平性方面

1. 您对本地解决义务教育阶段的择校热问题：

（ ）非常满意；（ ）比较满意；（ ）一般；（ ）不太满意；
（ ）不满意。

地区	非常满意	比较满意	一般	不太满意	不满意
西吉县第三中学					
隆德县高级中学					
隆德县第二中学					
隆德县第四中学					
原州区					
回民中学					
头营小学					
总数					
所占比率					

2. 您认为本地幼儿园升小学过程中的择校现象：

（　）非常激烈；（　）比较激烈；（　）一般；（　）不太激烈；
（　）没有择校。

地区	非常激烈	比较激烈	一般	不太激烈	没有择校
西吉县第三中学					
隆德县高级中学					
隆德县第二中学					
隆德县第四中学					
原州区					
回民中学					
头营小学					
总数					
所占比率					

3. 您认为小学升初中的择校现象：

（　）非常激烈；（　）比较激烈；（　）一般；（　）不太激烈；
（　）没有择校。

地区	非常激烈	比较激烈	一般	不太激烈	没有择校
西吉县第三中学					
隆德县高级中学					
隆德县第二中学					
隆德县第四中学					
原州区					
回民中学					
头营小学					
总数					
所占比率					

4. 您认为小学和初中的重点学校、名牌学校和一般学校的办学水平的差距：

（ ）非常明显；（ ）比较明显；（ ）一般；（ ）不太明显；（ ）没有差距。

地区	非常明显	比较明显	一般	不太明显	没有差距
西吉县第三中学					
隆德县高级中学					
隆德县第二中学					
隆德县第四中学					
原州区					
回民中学					
头营小学					
总数					
所占比率					

5. 您对幼儿园入园贵问题改善情况：

（ ）非常满意；（ ）比较满意；（ ）一般；（ ）不太满意；（ ）不满意。

地区	非常满意	比较满意	一般	不太满意	不满意
西吉县第三中学					
隆德县高级中学					
隆德县第二中学					
隆德县第四中学					
原州区					
回民中学					
头营小学					
总数					
所占比率					

6. 您对教育部门与学校的廉政风气状况：

（　）非常满意；（　）比较满意；（　）一般；（　）不太满意；

（　）不满意。

地区	非常满意	比较满意	一般	不太满意	不满意
西吉县第三中学					
隆德县高级中学					
隆德县第二中学					
隆德县第四中学					
原州区					
回民中学					
头营小学					
总数					
所占比率					

7. 您对当地解决农民工子女教育的情况：

（　）非常满意；（　）比较满意；（　）一般；（　）不太满意；

（　）不满意。

地区	非常满意	比较满意	一般	不太满意	不满意
西吉县第三中学					
隆德县高级中学					
隆德县第二中学					
隆德县第四中学					
原州区					
回民中学					
头营小学					
总数					
所占比率					

（二）教育收费方面

1. 您认为家庭的教育支出负担：

（　）非常重；（　）比较重；（　）一般；（　）比较轻；（　）非常轻。

地区	非常重	比较重	一般	比较轻	非常轻
西吉县第三中学					
隆德县高级中学					
隆德县第二中学					
隆德县第四中学					
原州区					
回民中学					
头营小学					
总数					
所占比率					

2. 您对政府治理教育乱收费的成效：

（　）非常满意；（　）比较满意；（　）一般；（　）不太满意；（　）不满意。

地区	非常满意	比较满意	一般	不太满意	不满意
西吉县第三中学					
隆德县高级中学					
隆德县第二中学					
隆德县第四中学					
原州区					
回民中学					
头营小学					
总数					
所占比率					

（三）教育过程方面

1. 您对减轻中小学生课业负担：

（ ）非常满意；（ ）比较满意；（ ）一般；（ ）不太满意；

（ ）不满意。

地区	非常满意	比较满意	一般	不太满意	不满意
西吉县第三中学					
隆德县高级中学					
隆德县第二中学					
隆德县第四中学					
原州区					
回民中学					
头营小学					
总数					
所占比率					

2. 您对本地教师队伍的素质：

（ ）非常满意；（ ）比较满意；（ ）一般；（ ）不太满意；

（ ）不满意。

地区	非常满意	比较满意	一般	不太满意	不满意
西吉县第三中学					
隆德县高级中学					
隆德县第二中学					
隆德县第四中学					
原州区					
回民中学					
头营小学					
总数					
所占比率					

3. 您认为教师应改进哪些工作？

a. _____ 。

b. _____ 。

c. _____ 。

（四）教育决策方面

1. 您对当地制定的教育政策：

（ ）非常满意；（ ）比较满意；（ ）一般；（ ）不太满意；（ ）不满意。

地区	非常满意	比较满意	一般	不太满意	不满意
西吉县第三中学					
隆德县高级中学					
隆德县第二中学					
隆德县第四中学					
原州区					
回民中学					
头营小学					
总数					
所占比率					

2. 您对撤村并校的感受：

（ ）非常满意；（ ）比较满意；（ ）一般；（ ）不太满意；（ ）不满意。

地区	非常满意	比较满意	一般	不太满意	不满意
西吉县第三中学					
隆德县高级中学					
隆德县第二中学					
隆德县第四中学					

续表

地区	非常满意	比较满意	一般	不太满意	不满意
原州区					
回民中学					
头营小学					
总数					
所占比率					

3. 您对寄宿制学校的感受：

（ ）非常满意；（ ）比较满意；（ ）一般；（ ）不太满意；
（ ）不满意。

地区	非常满意	比较满意	一般	不太满意	不满意
西吉县第三中学					
隆德县高级中学					
隆德县第二中学					
隆德县第四中学					
原州区					
回民中学					
头营小学					
总数					
所占比率					

（五）参与制度方面

1. 您是否愿意参加学校召开的学生家长会：

（ ）非常愿意；（ ）比较愿意；（ ）一般；（ ）不太愿意；
（ ）不愿意。

地区	非常愿意	比较愿意	一般	不太愿意	不愿意
西吉县第三中学					
隆德县高级中学					
隆德县第二中学					
隆德县第四中学					
原州区 回民中学 头营小学					
总数					
所占比率					

2. 如果有事，您最愿意和谁讲：

（　）老师；（　）父母；（　）同学；（　）亲戚；（　）谁也不说。

地区	老师	父母	同学	亲戚	谁也不说
西吉县第三中学					
隆德县高级中学					
隆德县第二中学					
隆德县第四中学					
原州区 回民中学 头营小学					
总数					
所占比率					

3. 您认为学生在学习中的最大压力来源：

（　）老师；（　）家长；（　）升学；（　）考试；（　）作业；

（　）其他_____

地区	老师	家长	升学	考试	作业	其他
西吉县第三中学						
隆德县高级中学						
隆德县第二中学						
隆德县第四中学						
原州区						
回民中学						
头营小学						
总数						
所占比率						

（六）教育质量方面

1. 您认为当地对中小学生推行素质教育的成效：

（ ）非常满意；（ ）比较满意；（ ）一般；（ ）不太满意；（ ）不满意。

地区	非常满意	比较满意	一般	不太满意	不满意
西吉县第三中学					
隆德县高级中学					
隆德县第二中学					
隆德县第四中学					
原州区					
回民中学					
头营小学					
总数					
所占比率					

2. 您认为老师很重视培养学生良好的学习和生活习惯吗？

（ ）非常重视；（ ）比较重视；（ ）一般；（ ）不太重视；（ ）不重视。

地区	非常重视	比较重视	一般	不太重视	不重视
西吉县第三中学					
隆德县高级中学					
隆德县第二中学					
隆德县第四中学					
原州区					
回民中学					
头营小学					
总数					
所占比率					

（七）教育选拔制度方面

1. 您对目前的小升初或初升高的考试选拔制度：

（　）非常满意；（　）比较满意；（　）一般；（　）不太满意；
（　）不满意。

地区	非常满意	比较满意	一般	不太满意	不满意
西吉县第三中学					
隆德县高级中学					
隆德县第二中学					
隆德县第四中学					
原州区					
回民中学					
头营小学					
总数					
所占比率					

2. 您对学校设置学生"尖子班"的感受：

（　）非常满意；（　）比较满意；（　）一般；（　）不太满意；
（　）不满意。

地区	非常满意	比较满意	一般	不太满意	不满意
西吉县第三中学					
隆德县高级中学					
隆德县第二中学					
隆德县第四中学					
原州区 回民中学 头营小学					
总数					
所占比率					

（八）教育的个人效益和效能感方面

1. 您对您的子女因接受教育而得到的益处：

（　）非常满意；（　）比较满意；（　）一般；（　）不太满意；
（　）不满意。

地区	非常满意	比较满意	一般	不太满意	不满意
西吉县第三中学					
隆德县高级中学					
隆德县第二中学					
隆德县第四中学					
原州区 回民中学 头营小学					
总数					
所占比率					

2. 您本人认为接受教育得到的好处是：

a. _____ 。

b. _____ 。

c. _____ 。

再次衷心地感谢您的合作！

宁夏大学《宁夏西海固地区生态移民进程中农村基础教育取向研究》课题组

附录3 宁夏西海固地区城乡公众基础教育满意度调查问卷（教师用表）

发放问卷总数：_____ 份。有效问卷_____ 份。无效问卷_____ 份。回收率：_____ % 。有效问卷回收率：_____ % 。无效问卷回收率：_____ % 。

1. 调查对象的性别：

地区	男	女	总数	所占比例（%）
西吉县第三中学				
隆德县高级中学				
隆德县第二中学				
隆德县第四中学				
隆德县城关一小				
原州区				
回民中学				
头营小学				
海原县				

2. 调查对象的文化程度：

地区	中专	大专	大学	高中	其他	总数	所占比例（%）
西吉县第三中学							
隆德县高级中学							
隆德县第二中学							
隆德县第四中学							
隆德县城关一小							
原州区							
回民中学							
头营小学							
海原县							

3. 调查对象的年龄：

地区	20—30 岁	31—40 岁	41—50 岁	51 岁及以上	其他
西吉县第三中学					
隆德县高级中学					
隆德县第二中学					
隆德县第四中学					
隆德县城关一小					
原州区					
回民中学					
头营小学					
海原县					
总数					
所占比率					

4. 当初选择教师岗位最主要的原因：

地区	个人意愿	容易就业	家长朋友推荐	其他
西吉县第三中学				
隆德县高级中学				
隆德县第二中学				
隆德县第四中学				
隆德县城关一小				
原州区				
回民中学				
头营小学				
海原县				
总数				
所占比率				

5. 您对学校人文环境和教学环境的满意度：

地区	非常满意	比较满意	一般	不太满意	不满意
西吉县第三中学					
隆德县高级中学					
隆德县第二中学					
隆德县第四中学					
隆德县城关一小					
原州区					
回民中学					
头营小学					
总数					
所占比率					

6. 您对学校不满意的方面：

地区	教学效果	硬件设施	软件设施	福利待遇	地理环境	升职空间	其他
西吉县第三中学							
隆德县高级中学							
隆德县第二中学							
隆德县第四中学							
隆德县城关一小							
原州区							
回民中学							
头营小学							
海原县							
总数							
所占比率							

7. 您对学校为教师/行政人员提供的再培训教育满意度：

地区	非常满意	比较满意	一般	不太满意	不满意
西吉县第三中学					
隆德县高级中学					
隆德县第二中学					
隆德县第四中学					
隆德县城关一小					
原州区					
回民中学					
头营小学					
海原县					
总数					
所占比率					

8. 您对学校的课程设置：

地区	非常满意	比较满意	一般	不太满意	不满意
西吉县第三中学					
隆德县高级中学					
隆德县第二中学					
隆德县第四中学					
隆德县城关一小					
原州区					
回民中学					
头营小学					
海原县					
总数					
所占比率					

9. 您对提高学生学业成就的能力的满意度：

地区	非常满意	比较满意	一般	不太满意	不满意
西吉县第三中学					
隆德县高级中学					
隆德县第二中学					
隆德县第四中学					
隆德县城关一小					
原州区					
回民中学					
头营小学					
海原县					
总数					
所占比率					

10. 您对学校提供的信息交流平台（如图书馆、校园网、学术交流等）的满意度：

地区	非常满意	比较满意	一般	不太满意	不满意
西吉县第三中学					
隆德县高级中学					
隆德县第二中学					
隆德县第四中学					
隆德县城关一小					
原州区					
回民中学					
头营小学					
海原县					
总数					
所占比率					

11. 您对教师轮岗制度的满意度：

地区	非常满意	比较满意	一般	不太满意	不满意
西吉县第三中学					
隆德县高级中学					
隆德县第二中学					
隆德县第四中学					
隆德县城关一小					
原州区					
回民中学					
头营小学					
海原县					
总数					
所占比率					

12. 您对学校和社会给予教师的关心与尊重程度的满意度：

地区	非常满意	比较满意	一般	不太满意	不满意
西吉县第三中学					
隆德县高级中学					
隆德县第二中学					
隆德县第四中学					
隆德县城关一小					
原州区					
回民中学					
头营小学					
海原县					
总数					
所占比率					

13. 您觉得家长和社会对教师培养德、智、体、能等方面优秀学生的期望值：

地区	非常高	比较高	一般	不太高	不高
西吉县第三中学					
隆德县高级中学					
隆德县第二中学					
隆德县第四中学					
隆德县城关一小					
原州区					
回民中学					
头营小学					
海原县					
总数					
所占比率					

14. 您对当地的教育政策（如撤村并校/寄宿制学校）的满意度：

地区	非常满意	比较满意	一般	不太满意	不满意
西吉县第三中学					
隆德县高级中学					
隆德县第二中学					
隆德县第四中学					
隆德县城关一小					
原州区					
回民中学					
头营小学					
海原县海城镇山门小学					
总数					
所占比率					

附录4 宁夏西海固地区城乡公众基础教育满意度调查问卷（学生用表）

发放问卷总数：_____份。有效问卷_____份。无效问卷_____份。回收率：_____%。有效问卷回收率：_____%。无效问卷回收率：_____%。

1. 性别：

地 区	男	女	总数	所占比例（%）
西吉县第三中学				
隆德县中学				
隆德县第二中学				
隆德县第四中学				
原州区 回民中学 头营小学				
合 计				

2. 你的年龄：（   ）岁，读小学/中学（   ）年级：

地区	小学	中学	总数	所占比例（%）
西吉县第三中学				
隆德县中学				
隆德县第二中学				
隆德县第四中学				
原州区				
回民中学				
头营小学				
合计				

3. 你上学用的交通工具是：

（   ）骑自行车，（   ）骑电动机，（   ）徒步，（   ）农用车，（   ）公交车，（   ）坐校车，（   ）其他：_____。

地区	骑自行车	骑电动车	徒步	农用车	公交车	坐校车	其他（含住校）
西吉县第三中学							
隆德县中学							
隆德县第二中学							
隆德县第四中学							
原州区							
回民中学							
头营小学							
总数							
所占比率							

4. 家长对你上学的支持程度是：

（   ）非常支持，（   ）比较支持，（   ）一般，（   ）不太支持，（   ）不支持。

地区	非常支持	比较支持	一般	不太支持	不支持
西吉县第三中学					
隆德县中学					
隆德县第二中学					
隆德县第四中学					
原州区					
回民中学					
头营小学					
总数					
所占比率					

5. 你最满意的课堂教学任课老师是：

（ ）语文，（ ）数学，（ ）英语，（ ）地理，（ ）化学，（ ）历史，（ ）其他：_____。

地区	语文	数学	英语	地理	化学	历史	其他
西吉县第三中学							
隆德县中学							
隆德县第二中学							
隆德县第四中学							
原州区							
回民中学							
头营小学							
总数							
所占比率							

6. 你最喜爱的学科是：

（ ）语文，（ ）数学，（ ）英语，（ ）地理，（ ）化学，（ ）历史，（ ）其他：_____。

地区	语文	数学	英语	地理	化学	历史	其他
西吉县第三中学							
隆德县中学							
隆德县第二中学							
隆德县第四中学							
原州区							
回民中学							
头营小学							
总数							
所占比率							

7. 你认为所学的学科当中作业量比较大的学科是：

（　）语文，（　）数学，（　）英语，（　）地理，（　）化学，（　）历史，（　）其他：＿＿＿＿＿＿。

地区	语文	数学	英语	地理	化学	历史	其他
西吉县第三中学							
隆德县中学							
隆德县第二中学							
隆德县第四中学							
原州区							
回民中学							
头营小学							
总数							
所占比率							

8. 您对学校学习氛围的满意程度是：

（　）非常满意，（　）比较满意，（　）一般，（　）不太满意，（　）不满意。

地区	非常满意	比较满意	一般	不太满意	不满意
西吉县第三中学					
隆德县中学					
隆德县第二中学					
隆德县第四中学					
原州区					
回民中学					
头营小学					
总数					
所占比率					

9. 您对学校的体育、教学等设施的满意程度是：

（　）非常满意，（　）比较满意，（　）一般，（　）不太满意，（　）不满意。

地区	非常满意	比较满意	一般	不太满意	不满意
西吉县第三中学					
隆德县中学					
隆德县第二中学					
隆德县第四中学					
原州区					
回民中学					
头营小学					
总数					
所占比率					

10. 你认为学校目前的学杂费是：

（　）非常贵，（　）比较贵，（　）一般，（　）不太贵，（　）不贵。

地区	非常贵	比较贵	一般	不太贵	不贵
西吉县第三中学					
隆德县中学					
隆德县第二中学					
隆德县第四中学					
原州区回民中学					
头营小学					
总数					
所占比率					

11. 请你对以下内容进行评价：

课程内容深入浅出，易于理解（　）5分（　）4分（　）3分（　）2分（　）1分（　）无评价

地区	5分	4分	3分	2分	1分	无评价
西吉县第三中学						
隆德县中学						
隆德县第二中学						
隆德县第四中学						
原州区回民中学						
头营小学						
总数						
所占比率						

老师上课时的精神状态　（　）5分（　）4分（　）3分（　）2分（　）1分（　）无评价

地区	5 分	4 分	3 分	2 分	1 分	无评价
西吉县第三中学						
隆德县中学						
隆德县第二中学						
隆德县第四中学						
原州区						
回民中学						
头营小学						
总数						
所占比率						

老师理论联系实际的能力 （ ）5 分（ ）4 分（ ）3 分（ ）2 分（ ）1 分（ ）无评价

地区	5 分	4 分	3 分	2 分	1 分	无评价
西吉县第三中学						
隆德县中学						
隆德县第二中学						
隆德县第四中学						
原州区						
回民中学						
头营小学						
总数						
所占比率						

老师语言的普通话程度 （ ）5 分（ ）4 分（ ）3 分（ ）2 分（ ）1 分（ ）无评价

地区	5分	4分	3分	2分	1分	无评价
西吉县第三中学						
隆德县中学						
隆德县第二中学						
隆德县第四中学						
原州区						
回民中学						
头营小学						
总数						
所占比率						

课堂上老师与学生的互动程度 （ ）5分（ ）4分（ ）3分（ ）2分（ ）1分（ ）无评价

地区	5分	4分	3分	2分	1分	无评价
西吉县第三中学						
隆德县中学						
隆德县第二中学						
隆德县第四中学						
原州区						
回民中学						
头营小学						
总数						
所占比率						

学校对学生的关心程度 （ ）5分（ ）4分（ ）3分（ ）2分（ ）1分（ ）无评价

地区						
西吉县第三中学						
隆德县中学						
隆德县第二中学						
隆德县第四中学						
原州区						
回民中学						
头营小学						
总数						
所占比率						

12. 你认为学校今后为了搞好教学需要改进的地方：

地区	1	2	3	4	5	6
西吉县第三中学	希望跑操	提高体育加强锻炼	提高教学质量	减轻压力	上电脑课	借阅图书
隆德县高级中学						
原州区						
回民中学						
头营小学						
总数						
所占比率						

后　记

2017年10月18日，习近平总书记在中国共产党第十九次全国代表大会上首次提出"新时代中国特色社会主义思想"，是全党全国人民为实现中华民族伟大复兴而奋斗的行动指南，"优先发展教育事业"是关系我国教育事业发展的一个重大问题。为加强农村教师队伍建设、实现城乡基础教育公平、解决教育资源配置不均衡问题、改变农民接受基础教育理念、科学合理配置教育资源和提升群众对基础教育满意度等逐步实现教育事业全面发展提出了行动指南。

我国农村基础教育事业伴随着经济发展同期步入中国特色社会主义新时代，农村基础教育取向问题已广泛受到贫困地区城乡社会各界的高度关注，"以人为本""以教育为本"的农村基础教育事业所具有的凝聚力和渗透力，以及"教育"内涵和意义都发生了巨大的变化，也极大地推动着我国对农村基础教育的主体和基础教育取向的研究顺应时代潮流向前迈进。

俗话说："良好的教育要从娃娃抓起"，"别让孩子输在起跑线上"。基础教育阶段是人生正规学校教育的初级阶段，对人的一生和成长与发展起着奠基性的基石作用，同时，也起着提高国民综合素质水平的保障性的决定作用。无论城市与农村，教育公平都是实现社会公平的标志之一，也是"更好满足人民在经济、政治、文化、社会、生态等方面日益增长的需要"和"更好推动人的全面发展、社会全面进步"的充分体现。如何协调、解决好城乡义务教育公平和城乡居民过上幸福好日子，特别是提高农村义务教育质量的问题，是当前我国社会面临的重要课题，同时也关系到贫困地区群众的扶志扶智脱贫富民的思辨能力和厘清对"输血""造血"的认识问题。

今后一个时期，我国农村的基础教育体系应高度重视和引导基础教育价值取向的发展，找出影响农村基础教育价值取向满意度的关键因素，全面了解学生、家长和教师对基础教育满意度的评价和态度，有针对性地制定措施和对策，提高农村特别是少数民族贫困地区的基础教育水平和质量，从根本上讲是为我国农村地区的人才培养、促进人与社会、效率与公平、知识和能力等和谐统一发展的重要举措，从真正意义上促进我国教育事业全面发展和进步的重要方式。

一要坚持习近平总书记新发展理念，坚定道路自信、理论自信、制度自信、文化自信，坚定实施人才强国战略，突出抓重点、补短板、强弱项，在理论上跟上时代的步伐，不断认识规律，推进理论创新、实践创新、制度创新、文化创新以及其他各方面创新。

二要坚持以马克思主义中国化为指导原则，以新时代中国特色社会主义思想为行动指南，战胜在政治、经济、社会、教育、文化等领域出现的困难和挑战，加强师德师风建设，解决师资力量短缺问题，提高教师队伍业务水平和能力，大力营造尊师重教的社会氛围，完成赋予农村基础教育事业的社会主义新时代的光荣使命。

三要把教育改革发展纳入主管教育部门的重要议事日程，人人熟悉教育、关心教育、研究教育、常抓教育，真正做到坚持把优先发展教育作为推动党和国家事业发展的先手棋，结合新时代农村基础教育取向实际，把"办好人民满意的教育"摆在解决人民群众最直接、最关心、最切身利益问题的突出位置。

四要面临农村基础教育问题，应着力在规划上，切实做到经济社会发展优先安排教育和财政资金；着力在投入上，优先保障教育和公共资源；着力在资源配置上，优先满足教育和人力资源开发需要；着力在本质上，只解决注意到和认识到的问题还不够，还需要解决深层的、实质性的农村教育体制和机制问题。

五要立足人民群众对接受更好教育的期盼和经济社会发展的需要，着力破解教育发展水平与人民群众接受良好教育需要之间的矛盾，推进学前教育普及普惠、义务教育优质均衡发展，着力解决提升农村教育服务农村经济社会发展能力问题，优化基础教育的结构改革，推进农村基础教育产教融合、特色发展。

六要认真贯彻落实《教育部关于印发〈教育信息化 2.0 行动计划〉的通知》《宁夏回族自治区"互联网＋教育"示范区建设规划》和《宁夏回族自治区"互联网＋教育"示范区建设实施方案》，促进城乡优质教育均衡发展，抓好西海固地区"互联网＋教育"建设，形成可复制、可推广的"互联网＋教育"模式，以改革创新的办学新思路，破解制约农村基础教育发展的体制机制障碍，运用"智慧教学"项目，建成"智慧校园"，打造一支高素质专业化能够移动、互联和共享的教师队伍，实现"互联网＋教育"大平台、"三全两高一大"目标。

七要借鉴国外治理农村教育的先进经验，健全依法管理教育制度，促进农村基础教育师资保障机制，保证师资梯队建设和教师水平的均衡发展。将农村基础教育阶段教师纳入参公队伍管理的一部分，农村基础教育阶段的教师免评职称。实行统一的教师工资标准、统一的福利待遇，特别是为在农村地区学校工作的教师发放额外的农村教师津贴。提升教师培训的专业化和标准化程度，有计划地强化公办教育资源配置，保证学校正常教学质量，杜绝私营教学培训机构办班。加强农村基础教育闲置设施和资源功能转化。

最后，本书结合我国国情与西海固地区农村基础教育取向，努力创新理论和实践需要，促使农村基础教育取向既能满足农村发展需要，也能满足提高农民素质水平需要。牢固树立"四个自信"和以德树人、三全育人、以文化人的社会主义核心价值观，把德育教学融入基础教育教学的各个环节，贯穿于学校教育、家庭教育和社会教育的各方面。推动农村基础教育取向满足受教育学生自我发展的需要，激发群众的活力和进取向上的动力，打牢可持续发展式农村基础教育的根基，向实现全面建成小康社会和全面建设社会主义现代化教育大国、教育强国新征程目标前进。